NOUVELLES
REMARQUES
SUR
L'ŒDIPE
DE M. DE VOLTAIRE,
ET SUR
SES LETTRES CRITIQUES;
OU

L'on juſtifie CORNEILLE contre les calomnies de
ſon Emule.

ET OU

L'on fait un parallèle des deux Tragédies de
ces Auteurs.

AVEC UN RECUEIL DES PLUS BEAUX
endroits de l'une & de l'autre piece,
Par M. ****** *l'abé Girard*

14

A PARIS, au bas de la rue de la Harpe,
Chez LAURENT D'HOURY, Imprimeur - Libraire,
au Saint-Eſprit, devant la rue ſaint Severin.

M. DCCXIX.
AVEC APPROBATION.

NOUVELLES REMARQUES

SUR

L'ŒDIPE

DE M. DE VOLTAIRE.

NE point faire de fautes est une perfection où l'homme n'atteignit jamais dans aucun genre : les ouvrages des plus habiles, comme la conduite des plus sages, pèchent toûjours par quelque endroit : c'est assez pour nous autres mortels de manquer rarement : ainsi ceux qui écrivent bien sont ceux qui écrivent moins mal que les autres. Voilà ce qu'un Auteur ne peut ignorer, à moins qu'il ne soit aussi borné par ses lumieres qu'aveuglé par sa vanité. La critique ne doit donc ni le décourager, ni lui déplaire : elle ne peut que lui

A

être utile ; parce que si elle est mauvaise,
c'est un nouveau lustre pour son ouvrage ;
si elle est bonne, elle l'instruit, & en lui
montrant le mauvais, elle sert quelquefois
à lui faire rencontrer l'excellent. D'ailleurs
les fautes sont communes à tous les Auteurs,
mais la connoissance de ses fautes ne l'est
pas : s'il y a de l'habileté à les éviter, il y en
a aussi à les connoître & de la grandeur à les
avouer. C'est pourquoi quelques gens d'esprit
ont eû soin de critiquer eux-mêmes leurs
propres ouvrages : je les approuverois s'ils
l'avoient fait d'une maniere exacte, en se
tirant de devant les yeux le bandeau de
l'amour propre ; en sorte que leur critique
parût véritablement être faite pour l'honneur du bon goût & à la gloire de la vérité plûtôt que pour prévenir une censure rigoureuse qu'ils craignoient peutêtre
trop. L'Auteur du nouvel Oedipe les a
imité : il a publié quelques défauts qui se
trouvent dans sa piece : il en a passé sous
silence d'assez considérables : il en a relevé
de peu de conséquence : enfin il a eû soin
de mettre à côté des siens ceux de Sophocle & de Corneille ; le tour n'est pas mauvais pour se placer tout d'un coup aux
premiers rangs. Quand on ne se croit pas
assez fort, est-il si mal de faire alliance
avec quelque puissance ? & n'est-ce pas être

sage que de faire des ligues défensives pour sa réputation contre le Lecteur, dont le jugement est toûjours redoutable ? Les reflexions qu'on va lire sont une preuve de la sévérité de ce jugement.

Je n'ai pû voir dans la Dédicace donner de l'*Alteße Royale* à MADAME, sans blâmer la négligence que l'Auteur a eûe à s'inftruire de ce que perfonne n'ignore. Qui ne fait pas qu'on nomme les filles de France *Madame* fimplement, & qu'*Alteße Royale* eft pour le degré fuivant ? Que par cette raifon fi l'on vouloit encore la diftinguer par la qualité de Douairiere, on ne diroit pas *Madame la Douairiere*, mais MA-DAME *Douairiere*, fans y mettre le mot de *la* ; parce que ce mot fait que celui de *Madame* n'eft plus que le terme ordinaire de l'honnêteté qu'on rend à tout le monde, comme quand on dit *Madame la Comteße, Madame la Préfidente*, &c. au lieu qu'il eft à cette Princeffe un titre propre & particulier qui lui eft dû, comme j'ai dit, en qualité de fille de France ; & qu'on la nomme ainfi fans y mettre l'article, comme on nomme d'autres perfonnes par leur nom propre. Voilà l'ufage établi que j'ai vû & que je vois encore obferver à la Cour & à la Ville, du-moins par ceux qui favent le monde.

Si M. de Voltaire a traité de minutie ce cérémonial ; il n'a pas regardé de plus prés aux motifs des Dédicaces, lorsqu'il a cru que l'usage établi étoit de dédier ses Ouvrages à ceux qui en jugent le mieux. Ce sont plûtôt des raisons d'interêt, de bien-séance, ou de devoir qui déterminent les Auteurs dans le choix des personnes dont ils mettent le nom à la tête de leur livre.

Je ne vois pas non plus pourquoi il a dit que cet usage commenceroit *pour* MA-DAME, s'il n'étoit pas établi. Quel avantage ou quel honneur fait-on à MADAME en lui dédiant son Ouvrage ? Il me semble que c'est son illustré nom qui fait honneur à l'Ouvrage ou du-moins à l'Auteur. Ce n'est peutêtre aussi qu'une faute d'impression ; & l'on a seulement oublié de mettre dans l'*Errata* qu'il faloit ôter le mot de *pour* & lire *commenceroit par Madame.* Quoi-qu'il en soit, l'Auteur devoit prendre un autre tour pour faire sentir qu'il dédioit sa Tragédie à MADAME, parcequ'il la croyoit & qu'elle est en effet la meilleure connoisseuse.

Il n'est pas selon moi plus heureux dans la frase suivante, où il parle de cette sorte à MADAME, *la protection éclairée dont vous honorez les succès ou les efforts des Auteurs met en droit ceux mêmes qui réussissent le moins d'oser met-*

tre *fous vôtre nom des Ouvrages qu'ils ne com-*
pofent que dans le deffein de vous plaire. Car
outre que j'aurois fait fcrupule de donner
à *protection* l'épithere d'*éclairée* , fur tout en
profe & dans une épître de demi-page ; je
n'aurois jamais penfé que la protection fe
donnât aux fuccès, parce que j'ai toûjours
ouï dire qu'on la recherchoit pour l'ouvrage afin qu'il eût du fuccès. Et je penfe
encore moins qu'une protection éclairée ,
pour parler comme l'Auteur, c'eft-à-dire,
une protection qu'on n'accorde qu'aux
Ouvrages qui le méritent par leur bonté,
puiffe être un droit pour en dédier de mauvais. En vérité voilà une nouvelle maniere
de fe faire des droits qui n'eft furement
pas felon la Jurifprudence ordinaire. Si
Madame n'honore de fa protection que
les bons ouvrages, cela doit empêcher les
Auteurs *qui réuffiffent le moins* d'ofer mettre
les leurs fous fon nom , bien loin de leur
donner le *droit* de le faire.

Ces deux frafes avec une troifième ,
qui contient des vœux pour la fanté de
Madame, font toute l'Epître dédicatoire,
à laquelle on ne fçauroit ôter le mérite
d'être courte ; ainfi la brieveté en fait paf-
fer plus aifément les défauts.

Voyons la Tragédie. Elle commence dans
la premiere édition par ces deux vers :

Eſt-ce vous Philoctete ? en croirai-je mes yeux ?

Quel implacable Dieu vous ramene en ces lieux?

Je laiſſe aux oreilles ſcrupuleuſes à blâmer le Poëte d'avoir fait rimer avec la fin
de ces deux vers l'Emiſtiche du ſecond ; &
ce n'eſt point parce que le mot *Dieu* frape
l'oreille de la même façon qu'*yeux* & *lieux*
que je deſaprouverois que Dimas dît à
Philoctete *Quel implacable Dieu vous rame-*
ne en ces lieux. Une pareille faute ne le ſeroit plus, à mon avis, ſi la penſée exigeoit
qu'on ſe ſervît du terme. Mais je condam-
nerois cette expreſſion comme une faute
de bon ſens ; parcequ'elle eſt contraire à
ce que Dimas dit lui-même dans le même
récit. Quelques vers plus bas , il appelle
Philoctete *un heureux guerrier que les Dieux*
favoriſent. Ainſi ledit ſieur s'étoit un peu
embrouillé dans ſes complimiens en faiſant
les Dieux tout à la fois favorables & im-
placables pour Philoctete ; car c'eſt à lui
& de lui qu'il parle dans ces deux endroits.
Apparemment que le malheur de ſa patrie
lui avoit ôté la préſence d'eſprit ; mais le
Poëte devoit la retrouver dans ſon cabinet. Cette faute diſparoit dans la ſeconde
édition, où M. de Voltaire , pour ſe diſ-
culper du crime de larcin dont on l'avoit
accuſé , parçe qu'il y a dans les Horaces

Est-ce vous, Curiace, en croirai-je mes yeux? a changé ces deux premiers vers en ceux-ci :

Philoctete , est ce vous ? quel coup affreux du
, fort
Dans ces lieux empestés vous fait chercher la
mort ?

Mais il n'a fait par-là que substituer à une faute de contradiction des fautes d'une autre espece. Car outre que des *lieux em-pestés* ressemblent plus au voisinage de quelque cloaque puant qu'à une ville où est effectivement la peste , c'est que la surprise où est Dimas de voir Philoctete n'y est pas exprimée avec la délicatesse convenable. Deslors qu'en voyant une personne on la nomme, c'est une marque qu'on la reconnoît parfaitement, ainsi il n'est plus tems de demander si c'est elle. Et la surprise étant toûjours un premier mouvement , il convient , pour qu'elle paroisse dans sa vraie place, que l'interrogation qui la marque marche la première avant le nom propre ; celui-ci venant aprés , paroît alors avec plus de grace ; parce qu'il marque que l'on se confirme dans la vérité de ce qui nous a surpris. Voilà l'ordre qu'un goût fin souhaitera toû-

jours qu'on obferve. Si quelqu'un dit
que c'eft peu de chofe que cela ; je le prie-
rai de faire attention que la perfection
n'eft jamais peu de chofe , quoiqu'elle
dépende fouvent de très peu de chofe. Dailleurs le nouveau vers eft dur, &
l'ancien étoit coulant. Quand il n'y auroit
que *Philoctete eft* , je ne fçaurois approuver
la reforme. Je conclus donc, s'il m'eft permis de parler proverbe , que M. de Voltaire a corrigé le *Magnificat.* Le reproche
d'avoir pillé ne valoit pas la peine d'y faire attention : perfonne ne doute qu'il ne
foit capable de faire un pareil vers à celui
de Corneille : on doutera plûtôt qu'il de-
vienne capable de profiter des critiques. Il
paroît bien qu'il en a quelque envie, puifqu'il change fes expreffions ; mais cela n'eft
rien , s'il ne les change en mieux.

Sa feconde correction n'eft pas plus heu-
reufe que la premiere. Quelqu'un apparemment lui avoit fait remarquer qu'il n'étoit
pas fûr qu'on dît en bon françois *mériter la
colere*, mais qu'on fe l'attiroit & qu'on mé-
ritoit un châtiment : il a donc changé ce
vers

Act. 1. Sc.
1. p. 2

　　　Eh ! quel crime a donc pû mériter fa colere

qui pèchoit non feulement dans l'expreffion, mais encore par le mauvais arrange-

ment de la frase. Car le pronom *sa* doit,
selon les regles de nôtre langue, se rapporter au mot qui sert de nominatif, lorsque
ce mot est de la troisième personne, afin
d'éviter l'obscurité du stile ; par exemple,
ce ne seroit pas écrire purement de dire ;
*Voltaire critique Corneille sans connoître ni sa
beauté ni ses defauts*: il faudroit dire, *sans en
connoître ni la beauté ni les défauts* ; parcequ'il n'est pas là question de la beauté &
des défauts de *Voltaire* qui critique & ne
connoît pas, mais de la béauté & des défauts de *Corneille* qui se trouve là dans un
cas oblique. M. de Voltaire, dis-je, a changé son premier vers en celui-ci :

Eh ! quel crime a produit un courroux si severe

où la nouvelle production qui fait produire
le courroux par le crime est un fruit pour
le moins aussi défectueux que le premier :
& où il se trouve également une équivoque de langage ; car, comme il est assez
ordinaire, sur tout dans les interrogations,
de mettre le cas devant le verbe & le nominatif à la fin, on ne distingue pas nettement si c'est le crime qui produit le courroux, ou si c'est le courroux qui produit
le crime : l'un & l'autre pouvant arriver,
& l'idée de *produire* convenant même mieux
au courroux qu'au crime. Ainsi l'Auteur

n'a pas moins négligé la clarté & la pure-
té du ftile dans fes fecondes reflexions que
dans fon premier feu. De pareilles corre-
ctions prouvent qu'il travaille plus de génie que de fcience , & que fa foumiffion
aux cenfures eft plus foibleffe que docilité.

On ne peut pas dire non plus que ce
vers

Act. 1. Sc.
1. p. 2.   Va , laiffe-moi le foin de mes deftins affreux

foit quelque chofe de bien écrit. Car loin
que nous ayons foin des deftins , c'eft eux
qui ont foin de nous ; ils font les maîtres
de nôtre fort & nous conduifent où ils
veulent. Tout ce que je pourrois pardonner feroit de dire *laiffe-moi le foin de ma de-*
ftinée. Quelque Apologifte plus zélé qu'é-
clairé ne manquera pas de répondre que
c'eft ce que l'Auteur a voulu dire , & que
deftins eft mis là pour *deftinée.* Mais s'il
fait cette réponfe, c'eft qu'il ignorera que
l'ufage ne donne le fens de *deftinée* ou de
fort au mot de *deftin* qu'au fingulier, & qu'il
ne l'employe jamais au pluriel que pour
marquer les caufes ou les auteurs de nôtre
fort. Ainfi je parlerois mal fi je difois que
mes deftins font de critiquer le nouvel Oedipe ; mais je parlerois bien en difant que
mon deftin eft de critiquer cette piece & que
mes deftins veulent & ordonnent que je le

faffe. Ils veulent auffi que je me mocque un peu du foin qu'on y veut faire prendre à Philoctete d'une deftinée affreufe : on a foin, ce me femble, de fa fortune ; mais je ne fache pas encore qu'on ait foin de fon malheur. La penfée eft affurément originale, & je crois qu'elle ne devra qu'à l'Auteur fa naiffance & fa durée.

Les perfonnes qui ont de la délicateffe auront de la peine à goûter ce vers quoique fort harmonieux,

Jeune , & dans l'âge heureux qui méconnoit la crainte

Aĉ. 1. *Sc.* 1. *p.* 4.

à caufe que l'âge heureux qui méconnoit la crainte étant précifément la jeuneffe, il fe fait une repétition defagréable à l'efprit, fi elle ne l'eft à l'oreille. Ayant d'abord vû l'âge d'Oedipe par le mot de *jeune*, on s'attend enfuite à voir une autre qualité finir le caractere de ce Héros ; mais on ne le voit que caractérifé une feconde fois par la jeuneffe, quoique l'Auteur femble promettre toute autre chofe ; car telle eft la force fignificative de la conjonction *&*. Elle eft établie pour joindre les chofes, mais en faifant fentir que les chofes qu'elle joint font différentes. Il y auroit en effet du ridicule à joindre la même chofe avec elle-même quoiqu'exprimée en termes différens. On n'en ufe pas ainfi , quand on fait fa langue: on ne diroit pas *Hercule eft mort & il ne vit plus.* C'eft pourquoi on ne fauroit excufer l'Auteur en difant que c'eft une de ces repétitions qui fervent à appuyer davantage fur la chofe & à fixer l'attention ; parceque quand le fujet exige de ces fortes de repétitions, elles fe font fans le fecours de la conjonction : on diroit alors *Hercule ne vit plus, il eft mort.*

Si M. de Voltaire n'a pas fenti cette dé. licatefle de la conjonction , il avoit encore moins fait d'attention, dans la premiere édition de fon ouvrage, à l'Idée que l'ufage a attachée au mot de *fatales* , lorfqu'il a fait dire à Philoctete.

'Act. 1. Sc.
3. 1. 5.   Dimas, Hercule eft mort & mes fatales mains

   Ont mis fur le bucher le plus grand des humains.

Une main *fatale* nuit ; mais ce n'étoit pas nuire au mort que de lui rendre les derniers devoirs, qui étoient en ces tems-là le bucher, comme ils font aujourdui la fépulture. Si des mains *fatales* nous mettent au tombeau, c'eft en nous portant le coup de la mort, & non pas en nous enfeveliffant. L'inhumation fut toûjours l'œuvre d'une main pieufe, ou fi vous voulez, d'une main intéreffée ; mais elle ne le fut jamais d'une main fatale. Il faut donc avouer que

le Poëte un peu pareffeux s'étoit contenté
de coudre là une épithete , parce qu'elle fe
trouvoit de taille à remplir la mefure du
vers. Quant au changement qu'il a fait
dans la feconde édition , en mettant , à la
place du vers que je viens de rapporter, celui-ci

   Hercule eſt mort, ami, ces malheureuſes mains

   Ont mis , &c.

cela ne corrige rien & ne ſert qu'à montrer qu'il ignore plus d'une choſe & qu'il
eſt capable de plus d'une faute ; puiſqu'il
abuſe dans la nouvelle édition du terme de
malheureux, comme il avoit abuſé dans la
premiere du terme de *fatal.* Car les derniers devoirs qu'on rend aux morts ne font
pas plus l'office d'une main malheureuſe
que d'une main fatale. Ce font des mains
charitables qui s'en acquitent. La même
critique convient donc à l'un comme à
l'autre de ces termes : & je le repete , un
acte de piété ne fera jamais ni fatalité , ni
malheur. De plus la correction , fans ôter
la faute qui y étoit, d'un vers noble &
poëtique en a fait un fort mauvais. Le mot
d'*ami* a là quelque choſe de bas & de ram-
pant, il n'eſt même qu'une inutile & defagréable parentefe. Quand je lis *Hercule eſt*
mort, ami , il me femble entendre le mot

de la chanſon qui dit, *Ami*, *j'ai perdu ma femme*.

Dit-on, quand on veut bien parler, que la vengeance du ciel eſt *triſte?* je n'en crois rien ; quelque triſte qu'il ſoit d'en être l'objet. Ainſi M. de Voltaire dans ce vers

Act. 1. *Sc.*
1. *p.* 3.　　Le ciel induſtrieux dans ſa triſte vengeance

a été lui-même induſtrieux à nous dire quelque choſe de froid & capable d'attriſter ceux qui voudroient que ſa piece fût parfaite en tout.

Mais il faudroit encore, pour cela, ôter à Philoctete les ſentimens de joye qu'il fait paroître, avec ſi peu de retenue, en apprenant la mort de Laïus. Cela n'eſt pas d'un Héros. Il eſt vrai que l'amour ne pouvoit pas manquer de lui faire entrevoir dans la mort de ce Roi l'eſperance légitime de poſſeder la Reine ; mais ce n'étoit pas là le ſeul ſentiment que Philoctete dût montrer : il ne devoit pas même le montrer ; c'étoit aſſez , ce me ſemble, de le laiſſer ſeulement appercevoir, comme ſi la force de l'amour le lui avoit fait échaper , au lieu de s'étendre uniquement là-deſſus comme il fait en diſant

Act. 1. *Sc.*
1. *p.* 2.　　Il ne vit plus ! quel mot a frapé mon oreille !

　　Quel eſpoir ſéduiſant dans mon cœur ſe reveille?

Quoi , Jocafte ! les Dieux me feroient - ils plus

   doux ?

Quoi ! Philoctete enfin pourroit-il être à vous ?

Il ne vit plus !

S'il eft naturel d'avoir & de témoigner de la joye lorfqu'on apprend que fa maîtreffe fe trouve en état de correfpondre à l'amour qu'on a pour elle ; il n'eft ni grand ni politique d'en témoigner de la mort d'un rival ou d'un mari qui empêchoit qu'elle ne fût dans une fituation avantageufe à nôtre amour. C'eft alors qu'il faut avoir foin de ne faire paroître pour motif de cette joye que la feule efperance du bonheur prochain , fans pefer ni faire aucun retour fur l'accident de la perfonne qui , par fon malheureux fort, nous ouvre le chemin de ce bonheur ; fur tout quand on fe pique d'avoir de grands & de nobles fentimens , & d'être un Héros au - deffus du commun. Mais à voir Philoctete refléchir avec plaifir fur la mort de Laïus , & par deux fois s'écrier, avec une efpece d'admiration & beaucoup de fatisfaction, *Il ne vit plus ! quel mot a frapé mon oreille?... Il ne vit plus !* ne diroit - on pas que cette mort n'arrive que felon fes defirs ; qu'elle étoit depuis long-tems l'objet de fes fouhaits ; & qu'il s'imaginoit, quand il ajoûte *les Dieux*

me feroient - ils plus doux, que les Dieux le
perfécutoient en faifant vivre ce Roi, &
qu'en le faifant mourir ils lui accordoient
enfin la grace qu'il en attendoit ? Je le dis
encore une fois, cela n'eft point d'un Héros ni même d'un galant homme.

Je ne m'en rapporterois pas tout-à-fait
au jugement de l'Auteur fur l'emploi du
mot de *trifte*; il me paroît avoir pour cette
épithete une prédilection particuliere qui
l'empêcheroit d'être juge defintéreffé. Il
en a fait, comme je viens de dire, l'affai-
fonnement de la vengeance du ciel, & il
en fait encore celui de la puiffance d'Oedipe dans ces vers.

Act. 1. Sc.
1. p. 4.   Il vit, il regne encore; mais fa trifte puiffance
Ne voit que des mourans fous fon obéiffance.

Pour moi, j'avoue que cette *trifte puiffance*
n'excite dans mon entendement aucune
idée claire & précife.

Je ne fçai pas non plus ce que fignifie cet
autre vers

Act. 1. Sc.
1. p. 4.   Deja même les Dieux nous fembloient plus faciles

J'ignore abfolument ce que c'eft que des
Dieux faciles : les Déeffes peut-être le pouvoient être; mais pour les Dieux je ne leur
ai jamais vû donner cette épithete que
lorfqu'on y ajoûtoit un verbe, comme
quand

quand on dit que les Dieux font faciles à
appaifer. Si l'on me répond que je fuis
moi-même bien difficile de ne pas goûter
des Dieux *faciles* ; & que la fuite du difcours fait affez entendre ce que l'Auteur
a voulu dire ; je conviendrai que l'on connoît à vûe de pays ce que l'Auteur veut
dire ; mais comme je ne critique que ce
qu'il a dit & non pas ce qu'il a eû deffein
de dire, je n'en aurai pas moins raifon.

On a vû dans l'Epître dédicatoire comment le difcernement de MADAME a fervi
à fonder en faveur des mauvais ouvrages
le droit de paroître fous le nom de cette
grande Princeffe : & l'on va voir ici comment on fait du travail & de la vertu un
droit autentique d'avoir de la foibleffe. C'eft
dans ces vers qu'on dit avoir été l'admiration de bien des gens.

> Par dix ans de travaux utiles à la Grece
> J'ai bien acquis le droit d'avoir une foibleffe.

Act. 1. *Sc.*
1. 2. 7.

Dix ans de pareils travaux peuvent bien
mériter le pardon d'une foibleffe ; mais ils
ne peuvent pas acquerir le droit de l'avoir.
Quoiqu'en penfe nôtre nouveau Juftinien ;
plus les hommes font grands, plus ils doivent avoir foin de ne pas ternir leur gloire. Le mérite des perfonnes en rend les
fautes moins excufables ; quoiqu'il engage

B

quelquefois à les diſſimuler ou à les leur
pardonner plus aiſément. Dailleurs un
amour tel que celui-ci, que l'Auteur avoue
dans ſa critique tenir beaucoup plus du ro-
maneſque, que du naturel & dont Philoctete
lui-même dit dans le vers précedent pouvoir
faire l'aveu ſans rougir : *Je puis de mon feu,*
ſans rougir, aujourdui te faire un libre aveu. Un
tel amour, dis-je, devoit-il être traité de
foibleſſe, ſur tout par ce même Philoctete?
Que cela eſt tendre dans ſa bouche! Et
qu'il eſt glorieux pour Jocaſte que ſon
amant tire de ſes exploits le droit de pouvoir ſans rougir avoir de la foibleſſe pour
elle! Ne penſeroit-on pas à l'entendre parler du haut de ſon héroïſme que Jocaſte
feroit une petite Griſette qu'il voudroit
bien avoir ſur ſon conte, & pour qui il
auroit eû la facilité de ſe permettre quelque foible & de négliger ſa réputation? En
vérité, quelque gracieux que ſoient ces
vers à l'oreille, car en effet ils le ſont, ils
ne renferment cependant qu'une fauſſe
morale & un brillant qu'on pourroit nom-
mer un ſublime de la Garonne. Et pour
dire quelque choſe en general du caractere
de Philoctete; je vois fort bien qu'il fait
le Héros & l'amant; mais je ne vois pas
qu'il ſoit ni l'un ni l'autre.

Je crois qu'on n'auroit pas mal fait de

mettre une petite note à côté de ces deux
vers

> Vous, Seigneur, vous pouriez dans l'ardeur qui
>   vous brûle
> Pour chercher une femme abandonner Hercule.

Aɛ̃. 1. Sc.
1. p 5.

qui avertît que Dimas par ces maux *dans
l'ardeur qui vous brûle* entend l'ardeur guer-
riere de Philoctete. Car ſi l'on s'alloit ima-
giner qu'il entend l'ardeur des tranſports
amoureux dont Philoctete vient de lui faire
confidence ; ce qu'on pourroit aiſément
penſer, non ſeulement à cauſe de cette circonſtance, mais encore parceque cette
expreſſion *qui vous brûle* eſt véritablement
faite pour l'amour & peu convenable à la
guerre ; car les flâmes des amans les brû-
lent, & l'ardeur des guerriers les emporte
ou les anime. Si l'on alloit donc s'imagi-
ner que Dimas entend là l'ardeur de l'a-
mour ; on le blâmeroit auſſi-tôt de trouver étrange que Philoctete ait pû dans le
tems de cette ardeur amoureuſe abandon-
ner Hercule pour chercher une femme ; car
c'eſt juſtement dans ces momens que la
choſe eſt moins ſurprenante.

Ne blamera-t-on pas auſſi dans ce vers

> Redoublez contre nous vôtre lente fureur.

Aɛ̃. 1 Sc.
2. p. 8.

le mot de *lente* comme une épithete lan-

guiſſante ou comme un mot auxiliaire uniquement incorporé pour remplir le nombre des ſillabes ? Pour moi, ſi je ne le goû-
te point, c'eſt parceque je ne ſaurois
joindre à l'idée de fureur celle de lenteur.
Qui dit *fureur* dit quelque choſe d'emporté,
de violent, & de fougueux, & par conſé-
quent ne dit rien de lent. Je comprens bien
comment, ennuyé de ſouffrir, on peut in-
ſulter & braver l'ennemi, en lui diſant
Redouble ta fureur, elle me paroît, ou même,
elle eſt encore trop lente ; parce qu'on ne ſuppoſe pas alors que la fureur par elle-même ſoit lente, mais ſeulement qu'on ſe la
figure telle par l'envie qu'on a d'être au
bout de ſes maux. Au lieu qu'en diſant
avec une ſimple épithéte *redouble ta lente*
fureur, cela ſuppoſe que la lenteur peut en
general & par elle-même être une qualité
de la fureur, ce que je ne crois pas qu'on
ſe perſuade jamais.

Je crois encore moins qu'on puiſſe dans
les regles appeller la mort à ſon ſecours
pour être ſauvé de la mort même, comme
le fait le ſecond perſonnage du Chœur lorſqu'il dit :

Act. 1. Sc.
2. p. 3.   O mort, nous implorons ton funeſte ſecours
       O mort, viens nous ſauver, viens terminer nos
       jours.

Car enfin , par le fujet de la piece , les
Thébains ne fe plaignent que de ce que la
mort habite parmi eux ; & Dimas même,
en expofant leurs maux , n'en fait point
d'autre defcription ni plus touchante que
celle-ci , *la mort devorante habite parmi nous.*
Pourquoi donc implorer cette mort ? On
peut l'appeller pour fe voir délivré d'un
mal qu'on regarde comme plus grand que
la mort même, tel que feroit une douleur
exceffivement violente ou la honte d'un crime qui nous deshonore, & fe fervir alors
avec grace de cette hyperbole *ô mort viens
nous fauver.* Mais peut-on fans ridicule l'appeller au fecours quand c'eft elle qu'on
craint , & la regarder comme un remede
qui nous *fauve* d'elle ? Non furement, cela
ne fe peut pas. Ce perfonnage ne devoit
faire paroître qu'un fentiment de pur dé-
fefpoir & reprocher à la mort fes retar-
demens, au lieu de l'invoquer comme fon
falut.

L'harmonie & la cadence auront fans
doute fait applaudir à ces deux vers où
Oedipe parle ainfi à fon peuple :

Que ne puis-je fur moi détournant leurs vengean- *Act. 1. Sc.*
ces   *3. p 9.*

De la mort qui vous fuit étoufer les femences.

Effectivement l'oreille en eft fatisfaite ;

mais un goût fin le fera-t-il ? Des Gramm-
mairiens délicats ou d'habiles Académi-
ciens approuveront-ils que le gérondif *dé-*
tournant foit placé de maniere que le Le-
&teur ait la peine d'aller jufqu'à la fin du
fecond vers pour diftinguer par lequel des
deux, ou du gérondif ou du verbe infini-
tif qui doit fuivre, font régis ces mots *fur*
moi : car enfin ils le pourroient être par
l'un & par l'autre, fi l'Auteur avoit employé un verbe capable de les regir , tel
que feroit celui d'*attirer*. Ce n'eft donc qu'a-
prés avoir lû jufqu'au bout qu'on voit que
fur moi eft régi par le gérondif *détournant* ,
parcequ'il ne le peut pas être par l'infi-
nitif *étoufer* : ce qu'on devoit pourtant d'a-
bord diftinguer fans être obligé d'avoir re-
cours à un raifonnement qui fait le mérite du Le&teur , & non celui de l'Auteur ,
qui ayant negligé la netteté du ftile, mérite en cela la cenfure des critiques. Pour
le fecond vers, il pèche dans la penfée ;
parcequ'en même tems qu'on perfonnifie
la mort, & qu'on la rend très-préfente, par
ces premieres paroles *de la mort qui vous*
fuit ; on l'éloigne par celles qui finiffent la
frafe, en préfentant feulement les femences de cette mort au lieu de la mort
même ; & on la déperfonnifie , s'il m'eft
permis de parler de la forte , par le terme

de *Semences*, car on ne dit pas les *femences* de perfonnes ni de chofes qu'on perfonnifie. C'eft par cette raifon qu'en parlant d'un malade , on dit qu'il y a en lui *des femen-ces de mort* , & non pas *des femences de la mort* ; & que tout au contraire on dit qu'il n'eft pas épouvanté *aux approches de la mort* & non pas *aux approches de mort.* Ainfi , à parler de bonne foi , cette expreffion *étou-fer les femences* n'eft pas faite pour celle-ci *de la mort qui vous fuit.* Il n'eft plus tems de remonter aux femences de la mort pour les étoufer , lorfque la mort même nous fuit & nous talonne. De plus, l'Auteur ne devant avoir d'autre deffein , & paroif-fant en effet n'en avoir point eû d'autre en cet endroit que de reprefenter la généro-fité d'un bon Prince qui veut mourir lui-même pour fauver la vie à fon peuple , ne devoit pas y joindre l'idée d'*étoufer les femencès de la mort* ; parce que cela fent plus la force de l'action que la foumiffion du facrifice que le Roi veut faire de fa vie. Mais fans chercher de penfée étrangere , il pouvoit pefer fur la même , & faire dire à Oedipe :

Que ne puis-je fur moi détourner leurs vengeances

Et feul être frapé de tous les traits qu'ils lancent.

ou quelque chofe de mieux , car je ne dou-

te pas qu'il ne foit plus capable qu'un autre de donner à fon ouvrage la perfection
qui y manque, quand il voudra s'en donner
la peine. Et fi je le critique, ce n'eft pas
que je manque d'eftime pour fes talens, &
encore moins que je veuille nuire à fa réputation. Nous n'aurons jamais rien à démêler là-deffus. Ce feroit plûtôt pour y
contribuer & pour lui donner occafion d'y
travailler avec plus de foin. Cependant,
à parler fans déguifement, rien de tout cela
n'a part à ma critique ; l'envie de dire ce
que je penfe & le plaifir de m'occuper dans
mon cabinet, en ont feuls formé & fait
éclore le deffein, quoique peut-être un
peu tard ; puifque j'apprens en ce moment
que d'autres m'ont prévenu. Mais n'im-
porte, quelle que foit mon intention ; je
continue à écrire mes reflexions par le même motif qui m'a fait commencer.

Je déclare donc hardiment que je ne
crois pas qu'on puiffe dire, en parlant d'un
fang répandu qui s'éleve jufqu'au ciel pour
demander vengeance, *appaifons fon murmure.*
Je fuis prefque affûré que la plûpart des
Spectateurs éclairés ont murmuré contre
cette expreffion placée en de pareilles circonftances, & qu'ils n'ont pas été fatis-
faits d'entendre Oedipe dire aux Thébains,

Act. 1. Sc. *le fang de vôtre Roi s'éleve contre vous, appai-*
3. p. 11.

fons fon murmure. S'il étoit queſtion d'un ſerviteur mal recompenſé ou d'un peuple mécontent, l'expreſſion ſeroit bonne ; ces gens-là murmurent : mais le ſang de l'innocent crie vengeance.

Oedipe ne parle pas mieux , quand il dit :

> S'ils ont aimé Laïus, ils vangeront ſa cendre
> Et conduiſant un Roi facile à ſe tromper
> Ils marqueront la place où mon bras doit fraper.

Aſt. 1. Sc. 3. p. 14.

Car je doute qu'on puiſſe dire en bon ſtile *vanger la cendre* des morts , à moins qu'ils n'aient été offenſés dans leurs cendres par quelque action de mépris & d'irréligion.

Le ſecond vers pèche & contre le bon ſens, & contre le langage. Pourquoi dire d'un Roi qui avoit expliqué l'énigme du Sphinx, & qui étoit parvenu au Trône par ſa ſageſſe , qu'il eſt *facile à ſe tromper.* Ne diroit-on pas à entendre ce vers

> Et conduiſant un Roi facile à ſe tromper,

qu'Oedipe ſeroit un peu étourdi de ſon naturel, & dans l'habitude de donner dans le faux ? Répondra-t-on que , parlant de lui-même, il peut en uſer de la ſorte par modeſtie ? L'excuſe ſeroit recevable ſi Oedipe s'attribuoit ce défaut comme homme par oppoſition aux Dieux, en reconnoiſſant

leur fageffe infinie & l'imperfection de la
nature humaine : mais il fe l'attribue comme Roi fans aucun ménagement ; & ce n'eft
là ni la croyance ni le langage ordinaire
des Rois : c'eft beaucoup pour eux d'avouer
qu'ils ne font pas toûjours exemts d'errer ;
mais c'en eft trop de fe dire *faciles à fe*
tromper. Voilà ce que le bon fens defaprou-
ve. Le langage condamne de plus cette
expreffion *facile à fe tromper* comme contraire aux regles de la Grammaire, c'eft-
à-dire à l'ufage ; car en fait de langues c'eft
la même chofe ; ceux qui les diftinguent
n'y entendent rien. On n'a jamais employé
en bon françois le mot de *facile* avec la
prépofition *à* devant un verbe neutre, foit
que ce verbe le foit par lui-même, ou que
la force du pronom qu'on y joint le rende
tel. On ne dit point, par exemple, *facile*
à mourir, *facile à fe tuer*, *facile à errer*, *facile*
à fe perdre, *facile à périr*, *facile à fe perfuader,*
ni enfin dans aucun des cas où le verbe fe
trouve avoir une fignification neutre: Cette
regle eft generale : & je ne crois pas que
l'autorité de M. de Voltaire foit fuffifante
pour faire une exception en faveur du verbe *tromper* quand il eft employé dans le
fens neutre, c'eft-à-dire avec le pronom
conjonctif, car autrement il eft actif. Ainfi
ce fera une faute dont on pourra le re-

prendre & non pas un ufage qu'il aura introduit. Ne lui en déplaife, le bon ufage ne met le mot de *facile* avec la prépofition *à* que devant un verbe actif dont la fignification devient alors paffive. L'on dit *facile à tuer*, *facile à perdre*, *facile à perfuader* & *facile à tromper*; ce qui fignifie proprement qu'on peut facilement être tué, perdu, perfuadé, ou trompé. Ce que je dis là doit s'entendre dans les occafions où le mot de *facile* marque une chofe aifée à faire : car quand il a le fens de *bon* ou de *commode*, il eft quelquefois bien employé avec un verbe actif qui retient fa fignification naturelle, ou même avec un verbe que le pronom rend neutre, pourvû que ce verbe en regiffe un autre. Ainfi l'on dit d'un Supérieur qu'il eft *facile à donner des difpenfes*, *facile à fe laiffer perfuader*, *facile à fe laiffer prévenir*.

Si les deux premiers vers pêchent contre les regles de la langue & du bon fens; le troifième, qui acheve d'expliquer la penfée du Poëte, n'eft pas moins fujette à correction. Quand on entend Oedipe parler de cette maniere,

Ils marqueront la place où mon bras doit fraper.

on eft tenté de lui repartir qu'il ne s'agit pas là de la place, mais qu'il eft queftion du

meurtrier qu'on veut découvrir. Que le
Roi dise que les Dieux marqueront celui
que son bras doit fraper, cela est grand;
mais qu'il leur demande l'endroit où il
doit le fraper, cela est badin. N'est-ce pas
là une importante connoissance, pour implorer la lumiere & le secours des Dieux?
Il faut que l'Auteur soit un peu dévot
pour avoir donné un pareil scrupule à son
Héros. Et c'est une grande humilité dans
Oedipe de s'accuser d'être sujet à se tromper aisément, parce qu'il pourroit fraper
le meurtrier du Roi dans un endroit plûtôt que dans un autrte.

L'Auteur auroit plûtôt dû se faire un
scrupule de mettre dans la bouche de Jocaste ces paroles.

Act. 1. Sc.
4. p. 14.

Et l'on ne pouvoit guere en un pareil effroi
Vanger la mort d'autrui quand on trembloit pour
   soi.

Convient-il de traiter d'*autrui* son mari &
son Roi? Voilà ce me semble une grande
dureté, ou du moins un grand défaut d'é-
ducation, sur tout dans une Reine.

Quand j'entend Hydaspe dire à Jocaste
en ouvrant le second acte

Act. 1. Sc.
3. p. 15.

Oui, ce peuple expirant dont je suis l'Interprète
D'une commune voix accuse Philoctete,
Madame...

Il me vient aussi un scrupule sur le nom
dont il a plu à l'Auteur de baptiser Hydaspe dans la liste des personnages. Il le
nomme là confident d'Oedipe, & Hydaspe
se fait ici connoître pour interprete des
Thébains, qui vient de leur part porter à
la Reine leurs accusations contre Philoctete. Un tel personnage devoit plûtôt être
nommé le Tribun du peuple ou l'Orateur
des Communes. Un Confident rapporte
bien les nouvelles & les discours du peuple; mais il ne dit pas qu'il en est l'Interprete. Surement l'Auteur n'a pas bien connu ou le caractere qu'il devoit donner à
Hydaspe, ou celui qu'il lui avoit effectivement donné. De plus c'étoit au Roi que
ce personnage devoit s'adresser pour remplir les fonctions de son ambassade, & non
pas à la Reine. Il auroit beaucoup mieux
été, ce me semble, qu'elle apprît de sa
confidente cette nouvelle comme un bruit
de ville, & que pour en être assurée elle
s'en informât ensuite du confident du Roi,
& s'en éclaircît avec lui. Alors celui-ci
auroit pû commencer son rapport par un
oui affirmatif, comme il l'a fait, mais mal
à propos: car un pareil *oui* suppose que la
personne à qui l'on parle ou nie le fait,
ou en doute, ou du moins demande ce
qui en est; cependant il n'est rien ici de

tout cela. La Reine n'en a pas même ouï parler ; puisque surprise de ce qu'on lui dit, elle s'écrie *qu'ai-je entendu grands Dieux?* C'est Monsieur Hydaspe qui de son propre mouvement vient d'une maniere un peu brusque lui donner d'abord d'un *oui* par les oreilles, à quoi elle ne s'attendoit pas.

Et moi je ne me serois jamais attendu, en voyant d'aussi beaux vers que sont ceux de l'Oedipe de M. de Voltaire, car c'est-là le principal mérite de sa piece, à y en voir de pareils à ces deux

Act. 1 Sc.
1. p. 16.

Il partit, & depuis sa destinée errante
Ramena sur nos bords sa fortune flotante

Je ne crois pas, quoiqu'on mene une vie errante, qu'on puisse dire *une destinée erran-te* & encore moins *ramener une fortune flotante.* Cela sent bien le Phébus : & si Boileau vivoit, il diroit de ces deux vers qu'ils sont infailliblement travaillés d'aprés Ronsard ; puisqu'ils se trouvent ainsi que les siens montés sur des épithetes comme sur des échasses.

Approuve qui voudra les deux vers suivants

Act. 1. Sc.
1. p. 16.

Même il étoit dans Thebe en ces tems malheureux
Que le ciel a marqués d'un parricide affreux.

Pour moi je trouve que de faire ainsi mar-

quer ces tems par le ciel , c'eſt l'accuſer en quelque façon d'être coupable
du parricide , ce qu'il ne convient pas
de faire ; car chaque nation a toûjours dû
reſpecter le ciel & ſes Dieux vrais ou faux.
Ce Thébain parle auſſi mal, à mon avis,
qu'un François qui diroit que le ciel mar-
qua l'année 1610 du parricide d'Henry
IV. Cette année eſt bien marquée par ce
parricide ; mais ce n'eſt pas le ciel qui l'a
marquée de la ſorte , c'eſt plûtôt l'enfer
ou ſes noirs enfans.

Quoique je ne connoiſſe pas les ſecrets
ſentimens de l'Auteur ni même ſa perſonne, je ne laiſſe pas d'être très fortement
perſuadé qu'il n'en a que de bons : Et c'eſt
pour reſter dans cette opinion que je n'en
jugerai point par ceux qu'il prête à ce
Thébain, en lui faiſant dire :

Ce reſpect qu'aux Héros nous portons malgré nous *Act. 1. Sc.*
1. p. 16.

Car je croirai toûjours que ce n'eſt pas
malgré eux que les honnêtes gens reſpe-
ctent les Héros ; qu'au contraire ils ont
également comme le commun du peuple
du penchant à les reſpecter. Le propre de
la vertu eſt d'attirer les cœurs & non de
les contraindre. Si les honnêtes gens ſen-
tent pour les Héros quelque choſe que le
commun du peuple ne ſent point pour eux;

ce n'eſt pas une répugnance à les honorer, mais une noble émulation & un deſir
ſecret de pouvoir les imiter.

Le même Thébain ne parle pas françois
quand il dit :

Aᵈ. 1. Sc.
1. ꝑ. 16.

> Thebe en ce jour funeſte
> D'un reſpect dangereux a dépouillé le reſte.

On ne dépouille pas le reſpect non plus
que les vêtemens, mais on s'en dépouille.
Qui a jamais dit à l'actif, *je dépouille le reſ-*
pect que je vous dois, ou, *j'ai dépouillé tous mes*
habits ? Il n'y a qu'un Thébain qui puiſſe
ainſi eſtropier nôtre langue.

Pourquoi d'abord après la harangue
d'Hydaſpe, Egine dit elle que le ſort de ſa
maîtreſſe eſt affreux, & ne plaint-elle qu'elle ſeule, ſans faire la moindre attention à
Philoctete, du ſort duquel il eſt pourtant
ici queſtion ? Seroit-ce que connoiſſant l'a-
mour de la Reine pour ce Héros, elle ne
ſeroit ſenſible qu'à la peine que la perte de
Philoctete peut cauſer à ſa maîtreſſe ? Mais
comme il n'a pas encore paru qu'Egine
fut inſtruite de cet amour, cela n'étant
expoſé que dans la converſation d'après,
l'Auditeur reſte un peu embaraſſé ſur le
motif qui peut faire ainſi parler la confidente.

Que

Que je vous plains !

Il n'en faut point douter, vôtre fort eſt affreux.

On eſt d'autant plus embaraſſé ſur le motif d'un pareil diſcours que non ſeulement on ignore qu'Egine ſoit inſtruite de cet amour, mais qu'on ne ſait pas même ſi Jocaſte aime Philoctete. Car il n'en a encore rien été manifeſté dans tout ce qui a été dit juſqu'ici. Philoctete a bien déclaré qu'il aimoit Jocaſte , & que ſon amour l'avoit également engagé à ſortir de Thebes & à y revenir ; mais cela ne découvre point les ſentimens de la Reine , & ne prouve pas qu'il y ait eû du retour de ſa part : l'indifférence de la maîtreſſe pouvoit être la cauſe du départ de l'amant ; & le retour de celui-ci dans Thebes pouvoit être l'effet de ſa ſeule perſévérance. L'amour de l'un n'eſt pas une preuve de l'amour de l'autre; ſinon dant l'idée de quelques petits maîtres, qui ſe figurent que pour ſe faire aimer des femmes , il n'y a qu'à les aimer ou en faire le ſemblant ; & qu'il n'en eſt point parmi elles qui puiſſe ſe défendre de donner ſon cœur à qui lui offre le ſien. Enfin ce n'eſt que dans la ſuite que Jocaſte, en renouvelant ſa confidence, nous apprend qu'elle avoit ſenti pour ce Héros *un feu tumultueux de ſes ſens enchantés enfant im-*

* C

péiueux: C'eſt ainſi qu'elle s'explique elle-
même ſur ſon amour ; à peu près comme
feroit un déclamateur, qui, pour décrier &
blâmer l'amour, tâcheroit de le peindre
par ce qu'il a de défectueux & de mauvais; ou du-moins comme une femme parfaitement guérie d'une ancienne paſſion.
Mais cette déclaration de Jocaſte, telle
qu'elle eſt, vient un peu trop tard ; & c'eſt-
là une faute de conduite, dans la piece,
qu'il faut joindre à celles que l'Auteur a
confeſſées & à d'autres qu'il n'a point
connues, ou qu'il n'a pas voulu publier
dans ſa critique. Après tout, le ſort de
cette Princeſſe ne devoit pas être ſi affreux; puiſque ſon amant n'étoit que ſoub-
çonné & qu'il étoit vertueux: il n'y avoit
qu'à le défendre & le juſtifier contre les
ſoubçons du peuple. D'ailleurs, puiſqu'elle
avoue que ſon cœur n'a pû nourrir l'ardeur de cet amour, parcequ'elle l'a trop
combattu ; Philoctete ne lui devoit pas être
ſi cher. Voici ſes propres paroles: *Ne crois*
pas que mon cœur de cet amour funeſte ait pû
nourir l'ardeur, je l'ai trop combattu..... Il eſt
bien vrai qu'elle dit auſſi que le comble
de ſes maux eſt de voir accuſer ce Héros.
Mais c'eſt à l'Auteur à accorder les con-
tradictions de Jocaſte, puiſqu'il les lui a
prêtées. Elles ſont en grand nombre dans

cette scene; je n'en rapporterai que celle-
ci qui saute aux yeux. Elle nomme son
mariage avec Oedipe un esclavage, un
supplice; & elle dit ensuite qu'Oedipe étoit
un mari digne d'elle, pour qui elle avoit
de la tendreſſe & de l'amitié ; ce qu'Egine
avoit fort bien remarqué , puiſqu'elle lui
en fait une eſpece de reproche, lorſque cette Reine lui parle de son amour pour Philoctete. *M'eſt-il permis de ne vous rien cacher,*
dit-elle, *Oedipe, Madame, a paru vous tou-*
cher. . . Vous l'aimiez.

Quand on fait dire un demi-mot interrompu par un autre recit ; on le fait, ce
me semble, de façon qu'on apperçoive à
quoi ce demi-mot tend ou répond. Mais
je défie qu'on puiſſe voir , ni par ce qui
précede, ni par ce qui ſuit, ce qu'Egine
avoit envie de dire par ce demi-mot

Cet amour ſi conſtant.... *Aɛ. 2. Sc,*
2. p. 18.

Voilà ce qui précede , c'eſt Jocaſte qui
parle de Philoctete.

Lui ! qu'un aſſaſſinat ait pû ſouiller ſon ame !
Des lâches ſcélérats c'eſt le partage infame.

Il ne manquoit, Egine, au comble de mes maux,
Que d'entendre d'un crime accuſer ce Héros.

Apprens que ces ſoubçons irritent ma colere ;
Et qu'il eſt vertueux, puiſqu'il m'avoit ſû plaire.

Voici ce qui fuit, c'eft-encore Jocafte qui parle.

> Ne crois pas que mon cœur
> De cet amour funefte ait pû nourrir l'ardeur,
> Je l'ai trop combattu. Cependant, chere Egine,
> Quoique fafle un grand cœur où la vertu domine,
> On ne fe cache point fes fecrets mouvemens
> De la nature en nous indomptables enfans.

On ne voit pas non p'us pourquoi Jocafte qui interromt Egine, s'excufe & fe défend d'avoir nourri l'ardeur de fon amour. Perfonne ne lui en fait un crime ni même de reproches. Tout cela eft, ce me femble, bien ifolé & dit fans la moindre de ces préparations que les grands maîtres favent ménager, & qui font que chaque chofe paroît être à fa place.

Je vois encore moins pourquoi Jocafte traite de *funefte* l'amour qu'elle a eû pour Philoctete. Il ne paroît pas que cet amour ait caufé aucun fâcheux accident; il paroît au contraire que, pouvant être un obftacle au mariage ou de Laïus ou d'Oedipe, il étoit propre à prévenir & empêcher les malheurs qui font le fujet de la tragédie. Tout ce qu'on en peut dire, c'eft qu'il a été un amour peu fortuné; puifque Jocafte fe trouve obligée de fui-

vre deux fois dans l'hyménée d'autres loix
que celles de son cœur. Peutêtre est-ce là
ce qu'elle veut dire par le mot de *funeste*?
Mais en ce cas elle abuse étrangement des
termes.

Puisqu'Egine n'est qu'une confidente que
sa discrétion plûtôt que son esprit pouvoit
avoir mise dans la place qu'elle occupe ; je
lui pardonne de n'avoir pas bien connu la
valeur & l'usage des mots: & je ne lui fais
pas un procès d'avoir donné à la douleur
l'épithete de *vertueuse* ; quoique je sois persuadé qu'ils ne sont pas faits l'un pour
l'autre : ni d'avoir fait une comparaison
& mis une espece d'opposition entre une
douleur juste & une douleur vertueuse,
comme si ce pouvoit être deux choses différentes ; quoique je pense, avec tout le
monde, que si la douleur est vertueuse ce
n'est qu'autant qu'elle est juste. Ainsi
quand elle dit

> Vôtre douleur est juste autant que vertueuse. *Act. 3 sc.*
> *2 p. 18.*

je me contente de penser que c'est une
confidente d'un ordre subalterne, qui dit
comme elle peut ce qu'elle a envie de dire, sans se piquer ni de choix ni de ju-
stesse dans ses termes.

Pour jocaste, je ne saurois lui pardon- *Act. 1. sc.*
ner de dire qu'elle tremble à la vûe de *2 p. 21.*

C iij

Philoctete, C'étoit affez pour elle de craindre & d'éviter la préfence de cet homme
fans y ajoûter du tremblement.

Et je pardonne encore moins à ce prétendu Héros de dire à cette Reine

Act. 2. Sc.
3. p. 22.

> Ne fuyez point, Madame, & ceffez de trembler;
> Ofez me voir, ofez m'entendre & me parler,

Quel compliment ! fur tout à une Reine.
Pourquoi Philoctete vouloit-il qu'elle trem-
blât à fon approche ? où en eft le fujet ?
Ne diroit-on pas, à les entendre, que Philoctete feroit quelque fpectre à faire peur,
ou que du moins il s'imaginoit qu'ayant
été avec Hercule la terreur des monftres,
tout le monde devoit auffi trembler devant
lui, fans en excepter même une Reine dont
il eft amant ? En vérité elle lui eft bien
obligée de ce qu'il lui permet de le voir
& de parler. La bonne Dame n'auroit jamais eû cette hardieffe, s'il ne lui avoit dit
Ne tremblez pas, ofez me voir, ofez m'entendre
& me parler. Voilà ce que c'eft que de vé-
ritables Héros ; l'élevation de leurs fentimens & la grandeur de leur gloire ne les
empêchent pas de s'humanifer dans les occafions, fur tout avec le beau fexe : témoin
Philoctete, qui, tout Philoctete qu'il eft, a
la bonté de dire à la Reine de ne point
trembler & d'ofer le voir & l'entendre.

Elle, raſſurée & docile, l'écoute en effet & paroît être fort ſatisfaite de ce qu'il dit. Pour moi qui n'ai pas pour lui les yeux ni le cœur de Jocaſte, je ne ſaurois approuver qu'il diſe,

N'attendez pas de moi de reproches honteux.

AB. 2 Sc.
3. p. 22.

comme ſi les reproches étoient choſes qu'on attendît. Ils ne font ſûrement pas aſſez de plaiſir pour cela. On les craint plûtôt qu'on ne les attend. Il eſt vrai qu'on s'attend quelquefois à en recevoir ; mais on ne les attend jamais.

Si Philoctete ne veut pas qu'on attende de lui des reproches honteux, en revanche il veut bien qu'on en attende des ſentimens extraordinaires, quand il ajoûte :

Je ne vous tiendrai point de ces diſcours vulgaires
Que dicte la moleſſe aux amans ordinaires :
Un cœur pour qui le vôtre avoit quelque tendreſſe
N'a point appris de vous à montrer de foibleſſe.

Il ſemble promettre là qu'il va traiter l'amour d'une façon auſſi noble que peu commune, mais pure gaſconade. Il ne dit dans tout le reſte de la ſcene que deux mots où il y ait de la tendreſſe ; ou plûtôt il n'en dit qu'un, mais qu'il repete une ſeconde fois, & où je ne crois pas qu'on trouve

C iiij

rien au-deſſus du commun.

Act. 2 *Sc.*
3. p. 24.   Je vous perds pour jamais qu'aurois-je à craindre
encore,

dit-il à Jocaſte qui veut lui apprendre le
malheur qu'il a d'être accuſé du meurtre
de Laïus. Et après qu'elle lui a tout dit
& qu'elle l'a prié de ſe retirer & d'aban-
donner Thebe ; le cœur & l'eſprit de cet
amant extraordinaire lui fourniſſent encore cette nouvelle expreſſion

Act. 2 *Sc.*
3. p. 25.   Jocaſte ! pour jamais je vous ai donc perdûe.

Amans, apprenez de Philoctete à ne dire
que de grandes choſes & à ne point parler
comme le vulgaire. Vous êtes pour l'ordinaire un peu têtus : Quand une maîtreſſe
qui vous aime & que vous aimez vous prie
de vous éloigner d'elle à cauſe de quelque
danger qu'elle craint pour vôtre perſonne,
l'amour induſtrieux ne manque pas de
vous fournir des raiſons pour montrer à
la belle qu'il n'y a point à craindre ; ou
que s'il y a du danger, vous ſavez le braver pour l'amour d'elle, & que vous êtes
capable de vous en tirer avec honneur :
l'abſence vous paroît le plus grand de
tous les maux. Mais vous vous trompez :
ce n'eſt plus que la molleſſe qui dicte ces
ſentimens à des amans ordinaires. Faites

comme le modele qu'on vous propofe : qui-
tez tout d'un coup la partie, & répondez
en Philoctete *je vous perds pour jamais, Ma-*
dame, pour jamais je vous ai donc perdûe. Ce
Héros vous dit que c'eſt-là le grand ; &
moi je vous répons que c'eſt le plus ſûr :
ainſi il n'y a qu'à gagner & pour vôtre
gloire & pour vôtre ſureté. Il eſt vrai qu'il
change dans la ſcene ſuivante, & qu'il
prend la réſolution de reſter ; mais c'eſt
ſon humeur hautaine & ſa converſation
piquante avec le Roi qui font ce que l'a-
mour n'avoit ſû faire.

Je ne connois point de cas ni de circonſtances où la valeur puiſſe être obſcure : il
ſe peut ſeulement faire que ne paroiſſant
ni ne ſe manifeſtant par des actions d'é-
clat, elle demeure dans l'obſcurité : ce qui
ſeroit arrivé à celle de Philoctete, ſi au
lieu d'accompagner Hercule dans ſes travaux, il s'étoit uniquement amuſé à con-
ter ſon glorieux martyr à Jocaſte. Voilà
la penſée que le Poëte devoit exprimer &
non pas attribuer ſimplement par une épithete l'obſcurité à la valeur de Philoctete,
en faiſant ainſi parler Jocaſte

Leur ſageſſe profonde
N'a pû fixer dans Thebe un bras utile au monde
Ni ſouffrir que l'amour rempliſſant ce grand cœur

Act 2. Sc.
3. p. 25.

Enchaînât près de moi vôtre obfcure valeur.

C'eſt à peu près la même faute que j'ai
critiqué à l'occaſion de *lente fureur* dont le
Poëte s'eſt ſervi ; avec cette différence
qu'on peut par deſeſpoir dire *vôtre fureur
me paroît encore trop lente;* mais on ne dit pas
vôtre valeur me paroît obſcure, on diroit plûtôt *vôtre valeur ne paroît guere.* En un mot
l'épithete d'obſcure ne ſauroit jamais, à
mon avis , accompagner de bonne grace
le mot de *valeur*, quelque meſure qu'on
prenne pour les ajuſter enſemble.

J'ai fait remarquer plus haut deux vers
faits d'aprés Ronſard , & en voici un fait
en ſtile de banque ou de finances.

Ibid.   De toutes vos vertus comptable à leurs beſoins

Le ſtile même n'en vaut guere en ce genre. Car quoique ceux qui manient les de-
niers doivent les employer ſelon les ordres
qu'ils en ont reçûs ou pour des beſoins
neceſſaires , on ne dit pourtant pas qu'ils
en ſoient comptables à ces ordres ni à ces
beſoins : c'eſt au Roi & à leurs ſupérieurs,
ou, ſi vous voulez, au treſor, à la banque
ou à la bourſe qu'ils en ſont comptables.
Pour les vertus, les talens, & les actions,
on ne dit pas qu'on en eſt comptable , mais
qu'on en doit rendre compte.

Comme le mot de *furpris* a plufieurs
fens ; car il peut marquer ou de l'admiration en voyant quelque chofe d'extraordinaire, ou de l'inadvertence quand on eſt
pris au dépourvû, ou de la fupercherie
lorſqu'on nous dupe ; il faut toûjours avoir
foin de le placer de maniere qu'on ne puiſ-
fe s'y méprendre, & qu'on n'ait point à
deviner la penfée ; mais qu'elle fe montre
& fe manifeſte elle-même par un fens net,
& précis. Et voilà ce que l'Auteur a négligé dans ce vers :

Partez, rendez Hercule à l'Univers furpris. *Act. 2. Sc.*
3. p. 25.

où l'on ne fait à qui rapporter le mot de
furpris, ou à Hercule, ou à l'Univers, ni ce
qu'il fignifie là.

Il me femble qu'il a auſſi négligé une
certaine juſteſſe d'oppofition que l'Anti-
thefe demande, lorſqu'il dit

Mourir pour fon pays c'eſt le devoir d'un Roi. *Act. 2. Sc.*
4. p. 27.

Quelque beau que foit le fentiment expri-
mé dans ce vers, je ne peus y goûter le
mot de *pays* ainſi placé en rapport avec celui de *Roi.* On dit d'un Citoyen qu'il meurt
pour fon pays ; mais un Roi meurt pour
fon peuple ou pour fon Etat. Cette critique
eſt délicate, je l'avoue, mais je fens cette
délicateſſe ; & je ne doute que pas d'au-

tres ne la fentent auffi bien que moi; D'autant plus qu'Oedipe fe croyoit Corinthien
& paffoit à Thebe pour un étranger parvenu au Trône par fa fageffe.

Je ne ferai pas auffi le feul à demander
ce que fignifie *être lent pour l'impatience*. J'a-
voue que fi toute la piece étoit écrite dans
le goût & dans le ftile de ce vers,

2. Sc.   Mais que Phorbas eft lent pour mon impatience.
5. p. 38.

je n'aurois jamais eû la patience de la lire.
Au refte l'Auteur a bien-tôt oublié cette
impatience du Roi ; puifqu'il ne fait venir
Phorbas qu'au quatriéme acte, quoique
ce foit au fecond que ce Prince s'impa-
tiente fi fort de l'attendre. On dira peutêtre que Phorbas ne devoit paroître qu'à
la fin pour le dénouement de la piece. Il
ne faloit donc pas en ce cas là faire fi-tôt
impatienter le Roi.

Il étoit bien difficile, du caractere dont
eft Philoctete, de le mieux qualifier que
par fon nom propre. Ainfi le Poëte a eû
raifon de lui faire dire

Act 3. Sc.   Mais je fuis Philoctete, & veus bien vous appren-
3. p. 40.   dre

Que l'exacte équité, dont vous fuivez la loi,
Si c'eft beaucoup pour vous, n'eft point affez pour
moi.

Car en vérité il est bien purement &
& simplement Philoctete & point autre
chose. S'il étoit Prince, il allieroit dans
ce qu'il dit & dans ce qu'il fait la po-
liteſſe des manieres avec la nobleſſe des
ſentimens : s'il étoit Courtiſan, il ſeroit
ſouple, complaiſant, & flateur : s'il étoit
Amant, il ſeroit tendre, délicat, & paſ-
ſionné : s'il étoit Philoſophe, il vivroit
dans la tranquilité ſans inquiétude & ſans
paſſions : enfin s'il étoit Héros, en s'éle-
vant au-deſſus des foibleſſes communes il
conſerveroit de la modeſtie. Mais parcequ'il eſt Philoctete, il répond des bruſque-
ries aux honnêtetés d'un Roi : il tient à
tout propos des diſcours de fanfaron &
de rodomont : il ſe permet d'aimer une
Reine comme une Griſette par le droit de
ſon propre mérite : il fait confidence de
ſon amour comme d'un foible à rougir : il
parle à ſa maîtreſſe en moraliſant contre
le langage des amans. Soubçonné d'un
meurtre, il ſe choque, s'emporte, & ne
peut digerer qu'une populace animée ne
le croie pas innocent ſur la foi de ſon
nom ; au lieu de parler dans cette occaſion en homme qui mépriſe fierement, ou
qui ſe juſtifie ſans baſſeſſe, ou qui veut
ſe vanger avec honneur, il ſuccombe ſous
ſon amour propre mortifié, qui, aprés avoir

pris le deffus, s'exhale en invectives & en difcours pleins de fotte vanité. Ce n'eft point affez pour lui que l'exacte équité d'un Roi, qui, preffé par tous fes fujets de découvrir le meurtrier de Laïus, lui témoigne cependant une parfaite eftime, & ne demande qu'à diffiper & confondre les foubçons du peuple. Enfin le Philoctete fe donne lui-même fans façon pour un Héros au-deffus des autres, vante à tous momens fes exploits avec emphafe, tire de là le droit d'avoir de la foibleffe, & aprés avoir occupé trois actes de la piece, comme s'il en étoit le principal fujet, auffi-tôt qu'il voit le moment où le fort d'Oedipe commence à s'éclaircir, & que ce Roi eft lui-même accufé du meurtre de Laïus; il paffe promptement la porte fans autres cérémonies, & ne penfe non plus à Jocafte qu'à ce qui n'a jamais été au monde. Mais après avoir tiré, comme on dit, fon coup de piftolet contre le malheureux Oedipe par un compliment auffi gafcon qu'infultant, il part & fuit comme un lâche ou comme un fot qui craint de voir le dénouement de quelque chofe d'extraordinaire; quoique cette même chofe dût être pour lui fort intéreffante, non feulement parcequ'il avoit été le premier foupçonné, mais encore par la profeffion qu'il faifoit de Hé-

ros prêt à fecourir les malheureux & d'A-
mant déclaré de la Reine. N'étoit-il pas
de la grandeur de refter, pour voir fi toute
cette intrigue ne lui fourniroit pas l'occafion de faire éclater fa vertu & fon cou-
rage, en défendant l'innocent opprimé ?
Son amour pour Jocafte ne pouvoit-il lui
faire penfer que la mort d'un mari coupable la rendant libre, il pourroit être
plus heureux, ou du moins que dans de
telles circonftances une Reine qui lui étoit
fi chere pourroit avoir befoin du fecours
d'un ami fincere & veritable ? C'eft ce
qu'auroit naturellement penfé un Héros &
un Amant à l'ordinaire ; mais un Philoctete non. En un mot, depuis le moment
où il paroît jufqu'à celui où il s'éclipfe
tout d'un coup, il n'eft que Philoctete ;
lui-même le déclare ainfi : car chaque fois
qu'il parle, il femble qu'il dife toûjours
je fuis Philoctete moi, je fuis Philoctete.

Mais laiffons-là ce perfonnage, puifqu'il
tombe ici dans le néant ; & voyons-en un
autre qui fort de fon caractere. C'eft Jocafte, quand elle dit :

Nos Prêtres ne font point ce qu'un vain peuple   *Act 4. Sc.*
   penfe,   *1. p. 53.*

Nôtre crédulité fait toute leur fcience.

Ce trait contre la Religion ne fied pas

dans ſa bouche : il faut peindre les femmes
naturellement timides , crédules, & ſuper-
ſtitieuſes ; puiſqu'elles le ſont pour l'ordinaire , & Jocaſte ſur tout qui avoit expoſé
ſon fils ſur la réponſe d'une prêtreſſe. L'eſprit
& le bon ſens veulent qu'on donne à chaque perſonnage ſon vrai caractere,& qu'on
le lui faſſe ſoûtenir depuis le commencement juſqu'à la fin de la piece. Pour les
deux vers que Jocaſte vient de prononcer,
ils auroient eû meilleure grace dans la
bouche d'Hydaſpe, qui paroît être un de
ces Courtiſans déniaiſés qui n'ont pas peur
du diable, & qui penſent de la Religion
ou du moins des Prêtres (car ce ſont deux
choſes qu'il ne faut pas confondre) en po-
litiques habiles.

Pour moi, ſi je ne paſſe pas pour habile,
je ne croirai pas du moins paſſer pour ſtu-
pide en avouant que je ne comprens pas
pourquoi Oedipe, qui ſe croit Corinthien,
dit à Jocaſte au milieu de Thebes ; qu'il
voit les lieux où il eſt né ; puiſqu'il n'eſt pas
encore inſtruit de ſon véritable état ; que
Phorbas attendu avec tant d'impatience
depuis le ſecond acte n'a pas encore paru,
& qu'Icare qui doit tout dénouer & tout
éclaircir n'eſt point arrivé. C'eſt donc une
faute de jugement d'avoir fait dire à Oedipe

Le deſtin m'a fait naître au Trône de Corinte ;
Cependant, de Corinte & du Trône éloigné,
Je vois avec horreur les lieux où je ſuis né.

Act. 4. Sc. 1. p. 56.

Je ne ſais pas comment on pourroit excuſer cette faute, à moins qu'on ne diſe que
je vois eſt employé dans un ſens figuré ; &
que quand Oedipe dit *je vois avec horreur les
lieux où je ſuis né*, il prétend ſeulement dire par là qu'il a Corinte ſa patrie en horreur, & non pas qu'il voit effectivement le
lieu de ſa naiſſance. Mais en vérité, ſi nous
nous y méprenons, c'eſt bien lui qui en eſt
la cauſe ; il pouvoit, il devoit même s'exprimer d'une façon moins équivoque. Si je
ceſſe donc d'attribuer à l'Auteur une faute
de jugement ; ce ne ſera que pour le char-
ger d'une faute de goût, d'avoir placé un
ſens figuré où le littéral devoit ſe trouver.
Car on ſent d'abord quelque choſe qui
choque dans ce recit, en le prenant même dans le ſens que je viens d'expoſer. Et
en voici la raiſon : c'eſt que le mot *cependant* étant fait pour marquer une eſpece
de contrariété & d'oppoſition entre deux
choſes, & pour faire entendre que l'une
arrive quoique l'autre dût y être un ob-
ſtacle ; il faut auſſi, pour l'harmonie &
pour la juſteſſe du ſens, que les termes dont

D

on ſe ſert pour marquer ces choſes ſe
faſſent une eſpece de guerre, s'il m'eſt permis de parler ainſi, ou que du moins ils
ne ſe réuniſſent pas dans leur ſignification
pour marquer deux choſes qui ſoient parfaitement d'accord & dont l'une doit ſui-
vre l'autre. Autrement cela fait un con-
traſte bizare, que le bon goût ne ſauroit
approuver. Et voilà juſtement le défaut de
cet endroit. Les termes qui ſont mis en
oppoſition ſignifient préciſément la même
choſe ou du moins des choſes , qui , bien
bien loin d'être oppoſées, ſont eſſenciell-
ment unies : ce n'eſt que les parentèſes
ajoûtées qui marquent quelque oppoſition.
Cela ſautera aux yeux dès qu'on regarde-
ra ces termes ſeuls dénués de ces parentèſes ; les voici, *le deſtin m'a fait naître au*
Trône de Corinte , cependant je vois les lieux où
je ſuis né. Ne voilà - t - il pas un *cependant*
bien placé ? Qu'on ne diſe pas que les parentèſes corrigent le défaut, elles ne font
que répandre une ombre qui empêche à la
vérité qu'on ne voie d'abord en quoi con-
ſiſte la faute , mais qui n'empêche pas
qu'on ne ſente fort bien qu'il y en a. De
plus je doute qu'*éloigné* & *né* riment bien.
Mais comme je ſuis plus ſcrupuleux ſur le
ſens que ſur la rime, je ne me ſcandaliſe-
rois pas de celle-là ni de bien d'autres que

je ne m'amufe point à relever, fi quelque
bonne penfée leur donnoit leur paffeport.

Dans tout cet acte Oedipe fe fert à lui-
même de Lieutenant criminel: il s'interroge: il interroge Jocafte: il rappelle dans fa
mémoire fes actions, fes vifions, & toûjours pour éclaircir le foubçon qu'il a ou
qu'il veut avoir fur fon fort; & cela d'une
maniere trop curieufe du mal, pour qu'elle
lui convienne; & même trop favante dans
les commencemens, pour que le dénouement
en paroiffe furprenant à la fin, & que le
fpectacle ait tout l'agrément qu'il doit avoir.
Il auroit été, ce me femble, plus naturel
de lui avoir toûjours donné un caractere
d'ignorance fur cet article, mais en même
tems beaucoup de curiofité & beaucoup
de foins pour découvrir le meurtrier de
Laïus, dont il vouloit être le vangeur, &
pour convaincre d'impofture, s'il fe pouvoit, le grand Prêtre en lui montrant le
véritable auteur du crime. Cette feule curiofité, qui étoit jufte & qui n'avoit rien
d'impertinent, fuffifoit pour la conduite de
tout le dénouement. On auroit eû beaucoup plus de plaifir à voir Oedipe faire,
par ce motif, des queftions même fur ce
qui le regardoit perfonnellement qu'à les
lui voir faire par un foubçon qui lui vient
tout à coup comme par miracle, & qui

paroît être une espece de confession d'un
homme un peu sot qui cherche à être criminel. On le voit ne se préparer qu'à répandre des larmes; ne promettre que des
allarmes à son épouse; parler, sur ce simple soubçon, comme un homme déjà convaincu & persuadé de son malheureux sort.
Il avoit si bien commencé par les bons
conseils d'Hydaspe. Que ne continue-t-il
à douter de la probité du Pontife; à tâ-
cher de connoître par lui-même le vrai,
en faisant un severe examen de toutes les
circonstances connues & une exacte re-
cherche de celles qui ne l'étoient pas encore; & à se croire toûjours innocent?
au lieu de se rendre à je ne sais quelle dissi-
pation de tenebres, qui ne rend pourtant
pas la piece plus brillante. La sincérité du
Pontife & la vérité de l'oracle justifiés par
le dénouement auroient même ajoûté
quelque chose au plaisir du spectacle & à
la beauté de la piece; qui seroit magnifique, si, exemte des défauts que je viens de
remarquer & de quelques autres que je
releverai en parlant de la critique que
l'Auteur a faite de Corneille; elle n'avoit
pas encore celui de finir par une chose
également difficile & puérile.

Quand on entend le grand Prêtre dire
d'Oedipe.

Je l'ai vû dans ses yeux enfoncer cette épée
    Qui du sang de son pere avoit été trampée.   *Act.* 5. *Sc.* 6 p. 81.

On est d'abord tenté de n'en rien croire ; car si peu que l'épée soit longue, il n'est pas aisé de s'en donner adroitement dans les yeux : & lorsqu'on a travaillé pour mettre l'épée de mesure, on est choqué de voir un Roi emporté par l'horreur & par le désespoir se ficher son épée dans les yeux, au lieu de se la passer au travers du corps. Si c'est-là le goût du siecle, il n'en faut pas disputer ; mais le bon goût n'en soufre pas moins de trouver une puérilité où il ne devoit y avoir que du grand. Si le fond de l'histoire vouloit qu'Oedipe ne mourût pas, mais qu'il perdît seulement les yeux; il falloit qu'il se les arrachât comme indigne de voir la lumiere : ou si l'on vouloit, bongré malgré, que l'épée jouât son rôle; on pouvoit supposer qu'Oedipe s'étoit jetté sur son épée tournée de pointe pour s'en percer ; mais qu'une main secourable l'ayant voulu détourner & repousser, elle l'avoit fait de sorte que le coup avoit porté dans les yeux, & que le ciel satisfait n'en exigeoit pas davantage. Corneille n'a point mis ici l'épée en spectacle : il a pris le parti de faire qu'Oedipe s'arrache les yeux; encore avec la sage précaution

D iij

de le repréſenter ſans armes auprès de ſon
Confident, & de lui mettre dans la bouche des paroles qui font entendre que ce
n'eſt que pour augmenter ſon ſupplice &
prévenir en quelque ſorte l'ordre du ciel,
en commençant dès ce moment-là le ſacri-
fice de ſa vie, qu'il penſoit avoir été demandé par l'ombre de Laïus & ordonné
par les Dieux, pour arrêter les ravages
de la peſte ; ce qui devoit être exécuté le
lendemain, & n'avoit été différé juſques-
là que par l'amitié de Jocaſte pour ſa fille
Dircé, lorſqu'on croyoit que c'étoit elle
qui dût être la victime. Voici comment ce
grand Maître fait rapporter ce fait par
Dimas :

J'étois auprès de lui ſans aucunes allarmes,
Son cœur ſembloit calmé je le voyois ſans armes :
Quand ſoudain attachant ſes deux mains ſur ſes
    yeux :
Prévenons, a-t-il dit, *l'injuſtice des Dieux*,
Commençons à mourir avant qu'ils nous l'ordonnent,
Qu'ainſi que mes forfaits mes ſupplices étonnent,
Ne voyons plus le ciel après ſa cruauté,
Pour nous vanger de lui dédaignons ſa clarté.
Là ſes yeux arrachés par ſes barbares mains
Font diſtiller un ſang qui rend l'ame aux Thébains.
Ce ſang ſi précieux touche à peine la terre,
Que le courroux du ciel ne leur fait plus la guerre.

A l'égard des Critiques que M. de Voltaire a fait imprimer à la suite de sa Tragédie ; je pense de la premiere qui regarde Sophocle, que c'est un arrêt donné par un juge incompétent, & dont on peut appeller comme d'abus à un autre tribunal plus éclairé. En effet quelle présomption dans les Modernes de vouloir décider du mérite des Anciens ; & cela sur la traduction de ces Anciens faite par d'autres Modernes ! Les uns leur prêtent des idées : les autres leur attribuent le ridicule qu'ils trouvent dans ces idées modernes. Cependant, défigurés par les premiers & condamnés par les seconds, ils restent toûjours les mêmes & se soûtiennent dans toute leur splendeur indépendemment de leurs amis à qui ils n'ont aucune obligation, & malgré leurs ennemis dont ils ne reçoivent aucun dommage : & pour dire la vérité, ils ne font qu'un prétexte aux injures que les Modernes ont envie de se dire les uns aux autres. Nous n'en connoissons pas assez toutes les délicatesses du langage, les coûtumes, les usages, les figures, les fines allusions, les mœurs & la police pour en pouvoir porter un jugement équitable. Rien n'est plus aisé en les traduisant que de les enlaidir ou les embélir de nos propres couleurs. L'on ne défend ou l'on ne

condamne ordinairement un Ancien qu'a-
près en avoir fait un Moderne. Voilà l'injuſtice. Il faut le laiſſer dans ſon antiquité, & s'y tranſporter ſoi-même pour l'examiner là dans ſon état & dans ſa ſituation
naturelle. Mais quelle difficulté ! Où ſont
les Modernes capables d'un pareil examen,
puiſqu'à peine jugent-ils bien des ouvrages de leur tems où tout leur eſt connu
& familier. S'il n'en ſont donc pas capables ; il eſt de leur modeſtie & de leur
prudence de ne ſe point mêler d'en juger
& de ne point faire de comparaiſons, qui
pourroient devenir un jour la honte de
nôtre ſiecle , lorſque quelque génie ſupé-
rieur, joignant à une profonde & parfaite
érudition un diſcernement exquis & un
goût délicat , voudra bien ſe donner la
peine de nous montrer l'antiquité au naturel en homme qui l'auroit vûe de ſes
yeux ; déveloper & rendre ſenſible ce que
l'ignorance rend obſcur ou ridicule ; &
manifeſter les beautés & les défauts des
Anciens, comme l'auroit fait un galant
homme de leur ſiecle. Pour moi , juſqu'à
ce que ce grand homme paroiſſe , je m'en
rapporte à l'eſtime univerſelle qu'on a eûe
pour eux dans tous les ſiecles. Je crois
qu'ils ont excellé & que les Modernes ne
leur ſont pas inférieurs ; j'entens les grands

Maîtres de l'un & de l'autre âge. L'esprit
& le bon goût sont de nôtre partage aussi
bien que du leur : & je ne les crois pas
exemts de défauts non plus que nous. Ainsi
je ne fais point de différentes classes pour
les Grecs, les Latins, & les François. Je
nomme sans distinction Sophocle, Euripi-
de, Corneille, Racine, Plaute, Térence,
Moliere, Renard, Homere, Virgile, Ho-
race, Boileau, Fontenelle, Phedre, & La
Fontaine : & peutêtre mettrai-je bien-tôt
dans ce rang l'Auteur du nouvel Oedipe.
Il est du-moins capable d'y parvenir ;
c'est à lui d'y travailler.

Quant à la seconde Critique qui est celle
de l'Oedipe de Corneille ; je n'ose pas tout-
à-fait m'expliquer ni dire naturellement ce
que j'en pense, la politesse & l'honnêteté
m'en empêchent. Mais le nouveau Tragi-
que auroit, à mon avis, beaucoup mieux
fait, si, au lieu de critiquer son maître, il
l'avoit bien étudié : son tems auroit été
alors plus utilement employé pour son avan-
cement comme pour sa gloire.

Il n'en auroit pas imposé à Corneille
en disant que Thésée débute par ces deux
vers

Quelque ravage affreux qu'étale ici la peste
L'absence aux vrais amans est encor plus funeste.

Ces deux vers ne viennent qu'après d'autres qui leur fervent de préparation, fur
tout ceux-ci qui les précedent immédiate-
ment.

> La gloire d'obéir n'a rien qui me foit doux

> Lorfque vous m'ordonnez de m'éloigner de vous.

Et au lieu d'y trouver un étrange rôle pour
un Héros, il y auroit vû une étrange force
de l'amour qui fait méprifer le danger de la
mort plûtôt que de s'éloigner de ce qu'on
aime. Et cette reflexion auroit peutêtre
pû l'empêcher de donner lui-même un
étrange rôle, pour un amant & pour un
Héros, à fon Philoctete, lorfque Jocafte
lui dit de fortir de Thebe parcequ'on l'y
accufe du meurtre de Laïus, comme Dircé le dit ici à Théfée à caufe de la pefte.
Ce n'eft pourtant pas que j'applaudiffe
entierement à ces deux vers de Corneille.
Ils pèchent, à mon fens, en ce qu'on en
a fait une maxime générale pour les amans;
il auroit mieux été, ce me femble, de
n'en faire qu'un fentiment particulier pour
Théfée; en forte qu'il témoignât feulement à fa maîtreffe que, quelque péril
que la pefte lui fît courir, elle ne pouvoit
pas lui être plus funefte que fon abfence;
l'une pouvant l'épargner & l'autre devant
neceffairement le faire mourir; car tel eft

le langage ordinaire de l'amour. Il n'y
avoit pour cela qu'à changer ce vers

L'abfence aux vrais amans eft encor plus funefte

en celui-ci,

L'abfence me feroit encore plus funefte.

Ainfi je ne crois pas qu'on trouve rien d'é-
trange pour un Héros qui aime fortement
& tendrement une Princeffe dans une ville
où eft la pefte de lui répondre de cette maniere, lorfqu'elle le preffe de s'éloigner
d'elle par l'appréhenfion où elle eft pour
lui,

La gloire d'obéir n'a rien qui me foit doux
Lorfque vous m'ordonnez de m'éloigner de vous.
Quelque ravage affreux qu'étale ici la pefte,
L'abfence me feroit encore plus funefte.
Et d'un fi grand péril l'image s'offre en vain,
Quand ce péril douteux épargne un mal certain.

Mais je crois très fort qu'on trouvera
étrange que M. de Voltaire critique le
grand Corneille fans s'expliquer autrement
que par le mot d'*étrange Rôle*. On fait bien
que les plus grands hommes font fautifs,
mais encore faut-il donner quelque raifon
qui explique en quoi confifte leur faute,
quand on fe mêle de les reprendre : car

la partie ne feroît pas égale en cette rencontre de vouloir feulement oppofer autorité à autorité : c'eft fouvent ce que les
meilleurs raifons peuvent faire que de ba-
lancer le crédit · d'une réputation établie.
Peutêtre auffi a-t-il bien fait de s'en tenir
à ce terme vague : car, s'il nous avoit ex-
pofé clairement fa penfée & fes motifs de
condamnation , il auroit pû nous faire
entendre qu'il blâmoit Théfée parcequ'il
croyoit que ce Héros comparoit en géné-
ral les maux que la pefte fait aux peuples à
ceux que l'abfence caufe aux amans & met-
toit ceux-ci fort au-deffus des autres. Du
moins je penfe entrevoir dans fes paroles
que c'eft-là ce qu'il s'eft imaginé , & fur
quoi il a fondé fa critique. Qu'on y faffe
un peu d'attention , & l'on verra que je
n'ai pas tout-à-fait tort de former cette
conjecture. Voici comment il s'exprime,
Il faut avouer que Théfée joue un étrange rôle
pour un Héros au milieu des maux les plus hor-
ribles dont un peuple puiffe être accablé, il débute
par dire que quelque ravage affreux qu'etale ici
la pefte, l'abfence &c. En ce cas-là M. de
Voltaire aura raifon de trouver ce rôle
étrange ; mais alors il fera lui-même le
véritable objet de fa critique ; car tout
fera de fon cru la faute comme la condamnation. Corneille dit bien que la pefte eft

moins funeste aux vrais amans que ne leur
est l'absence ; mais il ne dit pas que la peste
soit en general un moindre mal sur la terre
que l'absence des amans. Quand on fait
lire de cette façon on a un grand champ
pour la Critique. Si c'est-là ce que M. de
Voltaire appellé respecter la vérité plus
que Corneille, c'est-là ce que tout autre
nommera se mocquer de la vérité pour
chercher à insulter Corneille.

Il en est de même dans le second article de la Critique comme dans le premier.
On y suppose faussement la faute qu'on y
condamne. Après avoir rapporté tout au
long la déclaration que Thésée fait à Oedipe de son amour pour Dircé, on blâme
tout cela comme une faute de bon sens,
parceque, dit-on, l'ombre de Laïus demande un Prince ou une Princesse de son
sang pour victime, & que Dircé, seul reste
du sang de ce Roi, est prête à s'immoler
sur le tombeau de son pere. En vérité il
est bien desagrèable d'être obligé pour
défendre un Auteur mort de donner un
démenti à un Auteur vivant ; mais pourquoi s'y expose-t-il ? Après tout, ce ne sera
qu'un démenti de critique, qui ne partant
que de l'esprit & non du cœur, n'offensera
ni l'honnêteté ni la politesse. Ce correctif
posé, je prens la liberté de lui dire qu'il

n'eſt pas vrai que l'ombre de Laïus demande une victime de ſon ſang ni que
Dircé ſoit prête à s'immoler lorſque Théſée parle de ſon amour à Oedipe. Tout ce
qu'il y a de vrai, c'eſt qu'Oedipe avoit
envoyé à Delphes conſulter l'Oracle ſur les
maux préſens, & qu'il en attendoit réponſe-
ſe ; mais puiſqu'il l'attendoit, elle n'étoit
donc pas arrivée : il le dit lui-même au
commencement de cette ſcene, voici ſes
propres paroles

> Au milieu des malheurs que le ciel nous envoye,
> Prince ; nous croiriez-vous capable d'une joye,
> Et que nous voyant ſur les bords du tombeau
> Nous puſſions d'un hymen allumer le flambeau ?
> C'eſt choquer la raiſon, peutêtre & la nature,
> Mais mon ame en ſecret s'en forme un doux au-
> 　gure,
> Que Delphes dont j'attens réponſe en ce moment
> M'envoira de nos maux le plein ſoulagement.

De-là Théſée prend occaſion de lui découvrir ſon amour pour Dircé & de la lui
demander en mariage ; toute la ſcene roule
là-deſſus : on ne ſe figure encore rien du ſa-
crifice qu'il plaît à M. de Voltaire de joindre ici, pour trouver de quoi faire un procès à Corneille. C'eſt aſſurément une ſu-
percherie puniſſable s'il y avoit une juſtice

pour cela : car enfin cette scene est la seconde du premier acte, & le courier ou, si
vous voulez, l'ambassadeur n'arrive de
Delphe qu'à la cinquième scene, & n'ap-
porte encore pour toute instruction & pour
toute réponse de la part des Dieux qu'un
refus de parler & d'écouter.

Ils sont muets & sourds (*dit Dimas*)
Nous avons par trois fois imploré leur secours,
Par trois fois redoublé nos vœux & nos offrandes,
Ils n'ont pas daigné même écouter nos demandes.

Ce qui fait qu'Oedipe va ordonner à Tirésie d'évoquer les mannes de Laïus pour
le consulter : ainsi finit le premier acte, sans
que le sacrifice de Dircé soit sur le tapis. Enfin ce n'est qu'à la troisième scene du second
acte que l'ombre de Laïus parle, & que sa
réponse se publie, dont Nérine a grand
soin d'avertir aussi-tôt la Princesse, comme d'une chose qui la touche de près. Voilà le vrai & la conduite que Corneille a
gardée dans sa piece. Par quel esprit donc
vient-on nous dire qu'on parle du mariage de Dircé & que cependant elle est prête
à s'immoler, l'ombre de Laïus la deman-
dant pour victime ; puisque cette ombre,
bien loin d'avoir parlé, n'a pas même été
consultée & ne l'est que dans l'acte d'après?

Il y a là de l'impofture & quelque chofe
même de choquant pour le public ; car
c'eft le croire bien fot ou bien peu judi-
cieux que d'ofer lui debiter de pareils men-
fonges, & vouloir diminuer par d'indignes
artifices l'eftime qu'il a pour Corneille. Si
l'Auteur en a honte, qu'il les avoue & les
retracte ; mais qu'il n'aille pas dire, pour
s'excufer, qu'il n'a pas prétendu avancer
que la réponfe de Laïus fût connue dans ce
tems-là, & qu'on fût que Dircé dût être
regardée comme une victime prête à s'immoler ; mais feulement que la chofe devoit
être déclarée dans la fuite, & l'étoit effectivement ; & que c'eft en ce fens qu'il faut
ou du moins qu'il veut qu'on prenne ces
termes *cependant l'ombre de Laïus demande un
Prince ou une Princeffe de fon fang pour victime, & Dircé eft prête à s'immoler*; c'eft-à-dire
le tems préfent pour le tems futur, comme
s'il y avoit *demandera une Princeffe pour victime, & Dircé fera dans quelque tems prête à s'immoler*. Car, fans pefer fur le rifible de cette
interprétation, qui eft pourtant la feule
par où il puiffe fe difculper du crime de
leze-vérité, ce feroit par là tomber de
Scylle en Carybde, & fe plonger dans l'a-
byme d'une affreufe & ridicule ignorance
que de defaprouver que des perfonnages
parlent dans un acte comme gens qui ne

favent

favent pas ce qui doit arriver ni ce qu'ils
doivent apprendre dans l'acte suivant ;
puifque c'eft en cela que confifte prefque
tout l'art de l'intrigue & de la conduite
des pieces de théatre. Et pour le faire toucher au doigt au fieur de Voltaire ; qu'on
lui demande pourquoi, dans fa piece, Philoctete ; apprenant la mort de Laïus, fe
réjouit fi fort de pouvoir poffeder Jocafte,
puifque cela ne fe peut pas ; cette Reine
étant remariée à Oedipe. Ne répondra-t-il
pas avec raifon que cette efperance eft à fa
place, parcequ'il ne paroît pas encore que
Philoctete fache ce fecond mariage ; puifque ce n'eft qu'en ce moment qu'il apprend la mort de Laïus. Pourquoi donc
n'a-t-il fû faire cette même réponfe au
fcrupule qu'il s'eft fait fur cet endroit de
Corneille, & paffe-t-il condamnation ? Y
a-t-il une regle différente & une loi particuliere pour lui ? S'il y en a, nôtre Critique en eft le Légiflafteur : & il en fait à
merveille l'application. Il fe croit en droit
de faire parler un perfonnage comme ig-
norant une chofe déjà arrivée, éclatante,
connue de tout le monde ; qu'on lui ex-
pofe dans la même converfation quelques
lignes plus bas;que la renommée du Sphinx,
de la victoire remportée fur ce monftre, &
de la récompenfe promife & accordée au

E

vainqueur devoit avoir apprise à toute la
terre. Et il refuse à Corneille le droit de
faire parler ses personnages en gens qui
ignorent une chose qu'ils doivent ignorer ;
que personne ne peut savoir que par don
de prophétie, puisqu'elle n'est pas enore,
qu'elle n'arrive qu'un acte tout entier
après ; & sur quoi il n'y a pas la moindre
conjecture à former. Quelle fausse balance! Si l'on pouvoit faire une comparaison
de faute entre deux choses où il n'y en a
point ; l'on diroit que l'endroit de Corneille en est encore plus éloigné que celui
de M. de Voltaire.

  Si ce Critique a la hardiesse d'en im-
poser ; il ne manque pas non plus de fi-
nesse pour déguiser, quand cela sert à mettre Corneille en défaut. Ecoutons-le parler lui-même : *Théſée*, dit-il, *qui veut mou-*
rir pour Dircé lui fait accroire qu'il eſt ſon fre-
re, & ne laiſſe pas de lui parler d'amour mal-
gré la nouvelle parenté. Cependant, qui le croi-
roit ! Théſée dans cette même ſcene ſe laſſe de
ſon ſtratageme : il ne peut plus ſoûtenir davan-
tage le perſonnage de frere : & ſans attendre
que le véritable frere de Dircé ſoit connu, il lui
avoue toute la feinte, & la remet par-là dans
le péril dont il vouloit la tirer. Voilà l'arrêt
prononcé, dont tout le diſpoſitif est cette
exclamation *cependant qui le croiroit.* En vé-

rité, fi tous les Lecteurs avoient des yeux
faits comme ceux de M. de Voltaire, il n'y
auroit point de métier plus ingrat que celui
de bien écrire, ni de tems & de talens plus
fottement employés. Il faut abfolument
qu'il ait lû Corneille au travers de quelque verre enchanté & avec une efpece de
frayeur; puifqu'au lieu de le voir tel qu'il
eft, il s'en eft fait un phantôme que perfonne ne reconnoît. Mais nous, à qui la
fureur poëtique n'altere point les fens, li-
fons-le à nôtre tour avec des yeux fains,
& montrons le véritable Corneille dans
fon naturel. Le voici.

Théfée, pour fauver Dircé, que tout
le monde penfe être la victime que l'ombre de Laïus a demandée parcequ'on la
croit feule du fang de ce Roi, fait courir
le bruit que le fils de Laïus frere de Dircé n'eft pas mort comme on le croyoit,
feint d'être lui-même ce fils, & fait en
forte que cela aille jufqu'aux oreilles d'Oedipe. Cette manœuvre de Théfée n'eft pas
repréfentée fur le théatre: mais voici comment Corneille en inftruit le Spectateur.
Dans la troifième fcene du fecond acte,
Oedipe, répondant aux reproches que Dircé lui fait de retarder trop long-tems fon
facrifice fous le prétexte d'attendre un ordre plus exprès des Dieux, dit

Mais la chose après tout n'est pas encore si claire
Que cet ordre nouveau ne nous soit necessaire.

Et Dircé repliquant

Quoi mon pere tantôt parloit obscurément !

il ajoûte

Je n'en ai rien connu que depuis un moment,
C'est un autre que vous peutêtre qu'il menace.

Voilà un doute jetté sur le sens de l'Oracle & un commencement de nouvel incident. Dircé, à qui la patience manque, se retire avant qu'Oedipe s'explique là-dessus. C'est dans la scene suivante que ce Roi en parle clairement à Jocaste. Après lui avoir demandé si, lorsqu'elle fit exposer sur le mont Cythéron ce fils qu'elle eut de Laïus, elle avoit fait choix pour cela d'un ministre fidele ; il lui dit nettement

Un bruit court depuis peu qu'il vous à mal servie ;
Que ce fils qu'on croit mort est encore plein de vie.
L'oracle de Laïus par-là devient douteux :
Et tout ce qu'il a dit peut s'étendre sur deux.

A quoi Jocaste répond

Seigneur, ou sur ce bruit je suis fort abusée,
Ou ce n'est qu'un effet de l'amour de Thésée;
Pour sauver ce qu'il aime & vous embarasser,
Jusques à vôtre oreille il l'aura fait passer:
Mais Phorbas aisément convaincra d'imposture
Quiconque ose à sa foi faire une telle injure;
Je l'ai toûjours connu ferme dans son devoir.
Mais si déja ce bruit vous met en jalousie,
Vous pouvez consulter le divin Tirésie.

Oedipe replique

Je viens de le quiter; & delà vient ce trouble
Qu'en mon cœur allarmé chaque moment redou-
    ble :
Ce Prince . m'a-t-il dit, respire en vôtre cour;
Vous pourrez le connoître avant la fin du jour;
Mais il pourra vous perdre en se faisant connoître;
Puisse-t-il ignorer qu'elle sang lui donna l'être.

C'est ainsi que le Spectateur apprend, avec
Jocaste, de la bouche d'Oedipe le nouvel
incident du bruit répandu, & de plus les
soins que ce Roi s'est donnés pour s'éclaircir & s'assurer de la chose ; qui depuis la
réponse de Tirésie n'est plus un simple
bruit de ville, mais un fait véritable. Enfin dans la cinquième scene de cet acte,
Thésée, qui ignore les recherches que sa

feinte a donné occasion de faire, la continue auprès de la Reine, & lui dit sur ce
ton

Dircé n'est plus, Madame, en état de périr.
Le ciel vous rend un fils ; & ce n'est qu'à ce
    Prince
Qu'est dû le triste honneur de sauver sa Province.
. . . .
Hélas, cette Princesse à mes desirs si chere
En un fidele amant trouve un malheureux frere ;
Qui mourroit de douleur d'avoir changé de sort,
N'étoit. . . . . .
      qu'il est connu pour mourir au lieu d'elle,

Sur quoi Jocaste lui dit

Quoi ! vous seriez mon fils ! qui vous a pû le dire?

Thésée répond

       Un témoin qui n'est plus ;
Phédime, qu'à mes yeux vient de ravir la peste ;
Non qu'il m'en ait donné la preuve manifeste,
Mais Phorbas, ce vieillard qui m'exposa jadis,
Répondra mieux que lui de ce que je vous dis.

La Reine instruit alors Thésée des recherches que le Roi a faites auprès de l'Oracle, pour savoir s'il étoit vrai que ce fils
de Laïus fût encore vivant, en lui repli-
quant ainsi

Avec vôtre mourant Tiréfic eft d'accord,
A ce que dit le Roi , que mon fils n'eft point
mort
. . . . .
Attendons toutefois ce qu'en dira Phorbas.
.. de ce témoin feul dépend la connoiffance
de vôtre naiffance.

Voilà comment Corneille inftruit adroitement & par degré fon Spectateur, en lui
montrant d'abord Oedipe, qui , averti par
un bruit répandu & affuré par l'Oracle
que le fils de Laïus exifte. conte tout cela
à Jocafte pour tirer d'elle de nouvelles
lumieres fur ce qui regarde cet enfant ex-
pofé ; & en faifant enfuite paroître Théfée, qui , voulant perfuader à la Reine
qu'il eft ce fils qu'elle a fait expofer , apprend d'elle que ce qu'il avoit avancé fur
la vie de ce Prince fe trouve véritable &
confirmé par l'Oracle. Ainfi Théfée fe voit
alors, & le Spectateur le voit de même ,
parvenu au but qu'il s'étoit propofé de
fauver Dircé: mais avec l'avantage de n'ê-
tre plus obligé pour cela de s'en dire le
frere , ni de mourir pour elle ; puifque
l'Oracle vient d'affurer que ce frere vit,
& qu'il fera connu avant la fin du jour.
Ce Héros n'a donc maintenant d'autre

intérêt, ni d'autres foins à prendre que
de faire favoir promtement cette nouvelle
découverte à fa maîtreffe, & de la détromper en cas qu'elle foit inftruite & perfua-
dée du bruit qu'il avoit répandu dans le
public. C'eft auffi ce qu'il va faire. Mais
il ne paroît pas dans tout cela que Théfée faffe accroire à Dircé qu'il eft fon frere, ni qu'il lui parle d'amour malgré la
nouvelle parenté ; puifqu'il ne lui parle pas
même en aucune façon, & qu'elle n'eft
préfente à rien de tout ce que je viens de
rapporter. Il paroît au contraire dans l'acte
fuivant qu'elle a feulement appris de la renommée que fon frere vivoit,& que Théfée
paffoit pour être ce frere. Voici comment
elle parle la premiere à Théfée en ouvrant
la fcene

> Sur ce bruit l'amour m'avoit flatée,
> Et ce jaloux honneur qui ne confentoit pas
> Qu'un frere me ravît un glorieux trépas,
> Ne me refufoit pas de vivre pour Théfée.
> Mais fi je vois en vous ce déplorable frere,
> Quelle faveur du ciel voulez vous que j'efpere
> S'Il n'eft pas en fa main de m'arrêter au jour,
> Sans faire foulever & l'honneur & l'amour.
> S'il dédaigne mon fang, il accepte le vôtre.

Théfée, voyant que Dircé étoit inftruite
du bruit répandu, & qu'elle croyoit ou du

sur Oedipe. 73

moins craignoit qne ce ne fût vrai, mais
qu'elle ne savoit rien de la réponse de l'O-
racle ni de sa feinte, lui répond en homme plus instruit, mais qui profite de l'i-
gnorance où elle est sur ce qui le regarde,
pour faire un peu valoir auprès d'elle le
dessein qu'il avoit eû de la sauver, même
aux dépens de sa vie, & pour se donner en
même tems le plaisir d'entendre & de se faire
dire des choses nouvelles. Cela est si naturel à
un amant revenu du trouble, où l'avoit jetté l'appréhension de perdre ce qu'il aime,
dans le calme, où l'assurance de le conser-
ver l'a remis. C'est aussi une marque du
goût & l'habileté de Corneille, qui fait
d'abord parler ce Héros en termes équivo-
ques & generaux, qui tendent à la vérité
à la détromper & à lui persuader qu'il n'est
pas son frere ; mais qui ne sont pas assez
positifs pour fraper l'esprit d'une personne
remplie de crainte & de frayeur, telle
qu'est encore Dircé. Ce n'est qu'après s'ê-
tre ainsi satisfait que Thésée s'explique
plus précisément & tire tout au clair. Qu'on
l'écoute, & qu'on en juge. Voici comme
il répond à ce que Dircé vient de dire:

Le ciel choisit souvent de secretes conduites,
Qu'on ne peut démêler qu'après de longues suites :
Et de mon sort douteux l'obscur évenement

Ne défend pas l'espoir d'un second changement,
Je chéris ce premier qui vous est salutaire ;
Je ne puis en amant ce que je puis en frere ;
J'en garderai le nom tant qu'il faudra mourir ;
Mais si jamais d'ailleurs on peut vous secourir,
Peutêtre que, le ciel me faisant mieux connoître,
Si-tôt que vous vivrez, je cesserai de l'être :
Car je n'aspire point à calmer son courroux,
Et ne veus ni mourir ni vivre que pour vous.

N'est-ce pas là faire entendre qu'il n'est
pas son frere, & que s'il lui tient des discours tendres, ce n'est que sur la promesse
d'un second changement de frere en amant.
Si Dircé, au lieu de suivre la prévention
de la renommée, avoit fait attention à ce
que Thésée dit, & lui avoit demandé comment se pouvoit faire ce second changement ; il lui auroit dit tout d'un coup ce
qu'il lui explique quelque tems aprés. Mais
parceque cette Princesse, à qui il est permis en cette occasion de prendre le change, ne répond qu'en blâmant Thésée de
ce qu'il lui témoigne encore de l'amour ;
ce Prince, sachant ce qu'il fait & ce que
le Spectateur n'ignore pas qu'il sache, a
raison de repliquer ainsi.

J'ai mêmes yeux encore & vous mêmes appas,
Si mon sort est douteux mon souhait ne l'est pas.

Mon cœur n'écoute point ce que le fang veut dire,
C'eſt d'amour qu'il gémit, c'eſt d'amour qu'il foupire.

Il y a dans tout ce que Théſée dit là une
fineſſe & un double-entendre qui eſt bien
de l'eſprit de Corneille comme du jeu &
de la regle du théatre. Mais il n'y a rien
de tout ce que M. de Voltaire y a vû.
Théſée n'y fait point accroire à Dircé
qu'il eſt ſon frere : il la laiſſe ſeulement un
moment dans cette perſuaſion où il la
trouve, pour ſe donner une ſatisfaction
très permiſe & aſſez naturelle en pareille
rencontre. Il ne lui parle pas d'amour malgré la nouvelle parenté : mais il lui en
parle en lui faiſant connoître & ſentir
qu'il n'y a point de parenté & qu'il n'y
en a eû, dans le bruit public, qu'autant
que cela étoit propre à la ſauver de la mort.
Il ne la remet point, en lui avouant ſa
feinte, dans le danger dont il vouloit
la tirer : mais il lui apprend qu'il n'y a
plus ni danger pour elle ni rien à craindre pour lui ; parceque ſa feinte a
donné occaſion à découvrir que le véritable frere exiſtoit & qu'il paroîtroit le jour
même. Il ne ſe laſſe point enfin de faire
le perſonnage de frere & ne manque point
de force pour le ſoûtenir : mais voulant

raſſurer Dircé contre ce qu'elle craint pour
lui, & voyant qu'elle ne l'entend pas à demi-mot & qu'elle continue à lui parler ſur
le même ton ; il s'explique enfin d'une ma-
nière plus claire, faiſant même, en homme vraiement amoureux, un doux reproche à ſa maîtreſſe de ce qu'elle n'a pas
compris les premiers diſcours ; dont il lui
répete quelques termes. Marque ſenſible
de ſon deſſein, de parler pour la détromper, & non pour lui faire accroire qu'il
eſt ſon frere. Ecoutons-le

> Je vous ai déjà dit, Princeſſe, que peutêtre
> Si-tôt que vous vivrez, je ceſſerai de l'être.
> Faut-il que je m'explique ? Et toute vôtre ardeur
> Ne peut-elle ſans moi lire au fond de mon cœur ?
> Puiſqu'il eſt tout à vous, pénétrez-y, Madame,
> Vous verrez que ſans crime il conſerve ſa flame.
> à . . . . . .
>   ce nom décevant
> A fait connoître ici que ce Prince eſt vivant :
> Phorbas l'a confirmé : Tiréſie a lui-même
> Appuyé de ſa voix cet heureux ſtratageme :
> C'eſt par lui qu'on a ſû qu'il reſpire en ces lieux;
> Soufrez donc qu'un moment je trompe encor leurs
>   yeux,
> Et puiſque dans ce jour ce frere doit paroître,
> Juſqu'à ce qu'on l'ait vû permettez-moi de l'être.

Est-Il possible que ce recit joint à toute la
conduite de cet incident n'ait pas défillé
les yeux à M. de Voltaire? CEPENDANT,
QUI LE CROIROIT ! il fait de son aveuglement & de ses bévûes un procès à Corneille.

Où a donc encore vû ce Critique que
Théfée épouse Dircé à la fin de la piece ?
Qu'il nomme l'édition où cela se trouve.
J'ai actuellement fous mes yeux celle de
Paris faite en 1692 chez Guillaume de Luy-
ne; & j'ai beau les ouvrir tout des plus
grands, je ne vois finir la piece que par le
recit du defespoir d'Oedipe, qui s'est arraché les yeux , & du promt foulagement
qu'en ont reçû les Thébains par la guéri-
son de leurs maux. C'est Dimas qui fait
ce recit que j'ai rapporté ailleurs : & im-
médiatement après, Théfée fait là-deffus
cette reflexion

> Ceffons de nous géner d'une crainte inutile :
> A force de malheurs le ciel fait affez voir
> Que le fang de Laïus a rempli son devoir :
> Son ombre est fatisfaite , & ce malheureux crime
> Ne laiffe plus douter du choix de la victime.

A quoi Dircé ajoûte,

> Un autre ordre demain peut nous être donné.
> Allons voir cependant ce Prince infortuné ,

Pleurer auprès de lui nôtre deſtin funeſte :

Et remettons aux Dieux à diſpoſer du reſte.

Ainſi finit la piece mot pour mot : je ne vois point là d'épouſailles.

Au reſte la Tragédie finit beaucoup mieux dans Corneille que dans M. de Voltaire, C'eſt le deſeſpoir de Jocaſte qui termine la piece dans celui-ci, apparemment par reſpect pour Oedipe à qui elle veut ceder l'honneur de donner l'exemple ; du moins je n'en vois point d'autre raiſon. Car, lorſqu'elle apprend que ſon mari eſt auſſi ſon fils & celui de Laïus , elle ne ſe deſeſpere point à cette Nouvelle aſſommante ; au contraire elle demande du ſecours, appelle Egine pour la ſoûtenir & la conſoler ; *aide-moi, ſoûtiens-moi, prens pitié de ta Reine* , dit-elle. Et quand elle apprend que les Dieux ſont ſatisfaits de ce qu'Oedipe s'eſt donné des coups d'épée dans les yeux & qu'ils ne demandent point la mort de ce Roi ; alors elle ſe tue ſur le théatre , par le pur plaiſir, ce ſemble, de ſe tuer ou du moins de contrarier le ciel & le grand prêtre , & de lui répondre *& moi je me punis* ; lorſqu'il lui dit *Tel eſt l'ordre du ciel.* .... *Ses traits ſont épuiſés ſur ce malheureux fils. Vivez , il vous pardonne.* Au lieu que dans Corneille le deſeſpoir d'Oedipe qui

eft le fujet de la piece la finit. Et dès que
Jocafte apprend de Phorbas qu'Oedipe eft
fon fils & qu'elle a vêcu dans l'incefte ;
animée par l'exemple de fon miniftre, elle ne balance pas, fe fervant du même
poignard dont Phorbas vient de fe fraper,
elle fe le plonge dans le fein, mais hors
du théatre : & le Spectateur en eft inftruit
par le récit d'une des femmes de cette Reine ; recit, à mon fens, des plus beaux
qu'on puiffe voir, qui, rendant la chofe
touchante & prefque préfente, épargne
cependant au Spectateur l'horreur de voir
donner le coup. Quelle différence de goût
& de conduite entre ces deux Auteurs !
Malheur au fiecle qui ne la fent pas.

Nous avons vû nôtre Critique en im-
pofer fans façon, enfuite déguifer avec fineffe : le voici maintenant qui enchérit &
& fait d'une faute un crime d'habitude.
Dircé, dit-il, *paffe tout fon tems à dire des
injures à Oedipe & à fa mere.* Il auroit pû fe
contenter de dire que Dircé perd le ref-
pect, ou même qu'elle infulte fa mere dans
l'endroit qu'il cite ; car cela eft vrai : mais
cette Princeffe ne parle pas toûjours de
même, & ne paffe pas tout fon tems en de
pareilles converfations ; elle joue bien d'autres rôles dans le cours de la piece : on n'a
qu'à la lire pour en être convaincu.

J'ai eû raifon de dire ailleurs que M. de Voltaire, nouveau Légiflateur, avoit établi deux différentes regles du bon & du mauvais, l'une pour lui & l'autre pour Corneille; puifqu'il fait encore un procès à ce grand homme de ce que Jocafte n'eft pas préfente lorfqu'Oedipe apprend qu'il en eft le fils; quoique dans fa propre critique il ne fe le reproche pas à lui-même, n'ayant pas fait, non plus que Corneille, paroître Jocafte dans cette occafion. En cela je crois qu'ils ont eû raifon tous les deux; car je ne vois pas qu'elle figure pouvoit faire là cette Reine avec bienféance. Mais je crois qu'il s'en faut de beaucoup qu'ils ayent également raifon dans la fuite, & dans la maniere dont ils la font inftruire de ce fait. Corneille a pris le parti de mettre dans le cœur d'un vieillards généreux, qui en avoit été la caufe par fa pitié pour l'enfant, un jufte defefpoir: de le faire aller aux pieds de la Reine s'accufer de fon manque de fidélité à obéir, lui dire tous les malheurs qui s'en étoient enfuivis en s'en déclarant feul l'Auteur, & comme tel fe punir à fes yeux par un coup de poignard. Ce qui, fixant toutes les reflexions de la Reine & rappellant à fon imagination toute l'horreur de fon état, la plonge d'abord dans un

noir

noir filence fuivi fur le champ d'un noble
defefpoir ; & fait qu'auffi-tôt la chofe ap-
prife , elle ne differe pas à fe donner la
mort, trouvant à propos le poignard même
avec lequel Phorbas vient de fe la donner.
Cela eft grand & de main de Maître. Mais
M. de Voltaire, après que tout eft éclairci
à la troifième fcene, fait venir à la cinquième Jocafte fur le théatre fous le prétexte puéril qu'elle entend crier Oedipe ,
& lui fait apprendre de la propre bouche de
ceRoi qu'elle en eft la mere & Laïus le pere,
chofe qui choque un peu la bienféance ;
enfuite au lieu d'un fier defefpoir il lui fait
jetter des plaintes, pouffer des gémiffemens
& appeller une fuivante à fon fecours ,
comme feroit une femme du commun.
Egine, dit-elle, *arrache-moi de ce Palais horrible ;
fi tant de maux ont de quoi te toucher , aide-
moi, foûtiens-moi, prens pitié de ta Reine.* Enfin
il la fait attendre là fur le théatre jufqu'à
ce que le grand Prêtre dans la fcene fuivante ait annoncé que le courroux des Dieux
eft appaifé , que la vie eft accordée aux
Thébains , & que le ciel, content de ce
qu'Oedipe s'eft frapé dans les yeux, a mis
fin à tous les maux , pour qu'elle fe frape
& fe tue en public fans qu'on puiffe , en
lifant la piece, deviner avec quelles armes ;
car les femmes n'en portent point ; & n'é-

F

tant accourue qu'aux cris d'Oedipe & non
pas exprès pour faire cette expédition, elle
ne devoit pas avoir eû la précaution de s'en
munir. Ainfi toute l'imagination du Lecteur ne peut rien fuppléer, à moins qu'il
ne s'avife de penfer à un petit couteau
de poche. De plus, Madame Jocafte n'eft
pas en ce moment fi fort occupée de fon
defefpoir & de l'horreur de fon état, que
la vanité, trouvant encore place dans le
cœur de cette Reine, ne lui laiffe la liberté de prendre, en fe tuant, les mêmes foins
qu'auroit une perfonne qui mourroit tran-
quillement dans fon lit, & de recommander
aux Thébains *d'honorer fon bucher*. Voilà
comment ces deux Auteurs traitent cet endroit. Que le Lecteur juge maintenant fi
le nouveau a raifon de blâmer l'ancien; &
fi nous pouvons fi fort applaudir à l'Oedipe
de M. de Voltaire jufqu'à l'élever au-deffus
de celui de Corneille fans encourir la honte
du mauvais goût.

J'avoue que ma patience eft à bout quand
j'entens ce Critique dire de Jocafte, *en un
mot c'eft un perfonnage abfolument inutile qui ne
fert qu'à raifonner avec Théfée & à excufer les
infolences de fa fille*. Eft-elle un perfonnage
hors d'œuvre lorfqu'on parle du mariage
& de l'établiffement de fa fille ? Les meres
n'ont-elles aucun droit de parler dans ces

becafions, & n'y doivent-elles point figu-
rer ? A-t-elle tort d'approuver & de défendre le choix que fa fille a fait de Théfée ; & de préférer, comme elle, l'héritier
d'une couronne à un particulier, un Héros à un homme qui'n'a par devers lui aucun mérite éclatant ? Joue-t-elle un rô'e
abfolument inutile, lorfque, croyant avec
tout le monde que les Dieux demandent
le fang de fa fille, elle fait différer le facrifice, tâche de modérer la vertu hautaine de cette Princeffe, veut lui perfuader
de fauver fa vie, & lui fait entendre que
ni le Roi ni perfonne ne trouvera mauvais
que pour éviter la mort elle fe retire de
Thebes ? Eft-elle un perfonnage inutile
lorfqu'elle donne des lumieres fur ce qui
regarde le fils qu'elle a eû de Laïus ; & lorfqu'elle indique le miniftre à qui elle a donné ordre d'expofer cet enfant fur le mont
Cithéron ? Fait-elle quelque chofe hors de
de propos & qui ne foit pas à fa place,
lorfque, n'ayant pû infinuer à Dircé le
deffein de fe fauver de Thebes, elle tâche
d'en venir à bout par l'amant de cette
Princeffe, en lui reprochant adroitement
de ne favoir pas comment il faut fecourir
ce qu'on aime & le mettre hors de danger?
Cela eft-il d'un *perfonnage abfolument inutile*
ou d'une mere tendre & habile qui joue

son rôle ? Ne sert-elle à rien , lorsque ses
conversations avec Oedipe & avec Thésée
instruisent le Spectateur du bruit que l'un
a répandu , des soins que l'autre s'est donnés pour satisfaire sa curiosité , & de la
réponse de l'Oracle ; lorsque , par le peu
de foi qu'elle ajoûte aux discours de Thésée , elle le fait confronter avec Phorbas,
& fait par-là découvrir le meurtrier de
Laïus ? Enfin ne dit-elle rien d'intéressant
ni de touchant, lorsque Oedipe , étant reconnu pour être ce meurtrier , elle parle
comme une femme cruellement combattue
par les différens sentimens de haine & d'a-
mour qu'elle doit avoir pour Oedipe , comme étant tout à la fois & son mari & le
meurtrier de Laïus ? En voici quelques-
uns.

Rien ne m'affranchira de voir sans cesse en vous
Sans cesse en un mari l'assassin d'un époux.
Puis-je plaindre à ce mort la lumiere ravie
Sans hair le vivant ? . . . . .
Puis-je de ce vivant plaindre l'aveugle sort
. . . . .   sans trahir le mort ?

✳

Ah , Seigneur , quelque bras qui puisse vous punir,
Il n'effacera rien dedans mon souvenir :
Je vous verrai toûjours sa couronne à la tête,

De fa place en mon lit faire vôtre conquête :
Je me verrai toûjours vous placer en fon rang,
Et baifer vôtre main fumante de fon fang.

Mon ombre même un jour dans les royaumes fom-
  bres,
Ne recevant des Dieux pour Bourreaux que vos
  ombres,
Elle aura pour tourment tout ce qui fit mes feux.

✳

La veuve de Laïus eft toûjours vôtre femme,
Et n'oppofe que trop, pour vous juftifier,
A la moitié du mort celle du meurtrier.

✳

Mais hélas, mon devoir aux deux partis m'atta-
  che,
Nul efpoir d'aucun deux, nul effort ne m'arrache ;
Et je trouve toûjours dans mon efprit confus
Et tout ce que je fuis, & tout ce que je fus,
Je vous dois de l'amour, je vous dois de la haine ;
Et mon cœur, qui dois tout & ne vois rien per-
  mis,
Soufre tout à la fois deux tyrans ennemis.

✳

Pour finir des maux qu'on ne peut foulager,
C'eft vôtre foudre ; ô ciel, qu'à mon fecours j'appelle.

                              F iij

Oedipe eſt innocent. . . . .

. . . . . ,   oſez me déſunir

De la néceſſité d'aimer & de punir,

※

Qu'il s'en faut bien que M. de Voltaire,
dans la pareille circonſtance, ait fait dire
à Jocaſte des choſes ſi touchantes ! Après
un *helas* interrompu, qui marque plûtôt
une ſtérilité de ſentimens qu'un excès de
douleur ; elle n'ouvre la bouche que pour
excuſer Oedipe, qui veut ſe punir de
ce meurtre : & ſans faire aucun retour ſur
Laïus ni lui donner la moindre plainte,
elle dit

Vivez, vivez ; c'eſt moi qui vous en preſſe :

Vous êtes malheureux & non pas criminel :

Vous ignoriez quel ſang vos mains alloient répandre,

Et ſans trop rappeler cet affreux ſouvenir,

Je ne puis que me plaindre & non pas vous punir :

Vivez. . . . .

Voilà toute la façon qu'elle fait, en ſe
voyant l'épouſe de l'aſſaſſin de ſon mari.
C'eſt Oedipe qui jette ici les hauts cris,
comme s'il avoit le plus perdu. Je connois
bien des gens dans nôtre ſiecle qui ne ſe-

roient pas fi fâchés d'avoir tué, dans un combat innocent, un mari, fi cela les avoit mis en état de poffeder avec la femme une couronne, comme il eft arrivé à Oedipe. On me dira qu'il y a auffi des femmes qui ne pleurent guere leurs maris ; & qui n'auroient aucune peine d'en avoir époufé les affaffins ; que c'eft le modele que l'Auteur s'eft propofé : je ne difpute pas cela ; mais je le donne à fes Apologiftes pour en faire une preuve de la fineffe de fon goût & de la bonté de fon difcernement. Et pour faire la comparaifon entiere de la Jocafte de M. de Voltaire avec celle de Corneille ; j'ajoûte que celle-là eft par tout un perfonnage moins utile & moins touchant ; quoique l'Auteur, ne croyant pas que les malheurs communs qu'elle avoit à partager avec Oedipe fuffent fuffifans pour en rendre le rôle intéreffant, ait encore mis l'amour de la partie, épifode auffi mal choifi, à mon fens & au fens de tout le monde, que mal exécuté. Qui peut avec tant foit peu de goût voir Jocafte Reine d'un peuple mourant, femme d'un fecond mari, ayant à vanger la mort du premier, à partager les malheurs du fecond, à fentir vivement les fiens propres, & devant fe trouver mere de fon mari, époufe de fon fils, occafion du meur-

F iiij

tre de Laïus ; qui peut , dis-je, voir & approuver que cette Reine soit encore amoureuse en dépit de toutes ces horreurs , qui, par le sujet de la piece , doivent l'occuper toute entiere & former seuls le véritable caractere qui lui convient ? Cependant avec toute la charge de tant de passions , que le nouvel Auteur lui a mise sur le corps , il n'en a fait qu'un froid personnage , qu'on ne sauroit mieux peindre qu'avec les couleurs dont il a barbouillé celui de Corneille: c'est-à-dire, en exceptant les indications qu'elle donne pour découvrir le meurtrier de Laïus, *un personnage absolument inutile qui ne sert qu'à raisonner,* quelquefois assez mal , avec sa confidente ou avec Philoctete.

Du rôle de Jocaste on passe à celui d'Oedipe. On le blâme de vouloir marier une de ses filles avant que de s'attendrir sur les maux des Thébains: & l'on insinue en même tems que Thésée ne devoit pas non plus écouter sa passion dans ces occurrences. Si renvoyer le trait étoit une preuve qu'il est mal lancé , il n'y auroit qu'à jetter aux yeux du Critique sa Jocaste & son Philoctete : mais il faut donner des raisons. Premierement il n'est pas vrai qu'-Oedipe veuille ce mariage avant de s'attendrir ; mais il en parle quoiqu'il soit attendri ; & dans le même moment il témoigne ces tendres fentimens fur les maux de fon peuple ; il commence même par-là, *au milieu des malheurs que le ciel nous envoye,* dit-il, *Prince, nous croiriez-vous capables d'u-* *ne joye, &c.* Le mariage ne va donc pas devant les attendriffemens, ni même devant les foins qu'il étoit jufte de donner à ces malheurs ; puifqu'Oedipe au même inftant déclare que pour y apporter du remede il a député à Delphe, dont il attend réponfe à l'heure même : il avoit donc encore plus fait que de s'attendrir. Secondement par quelle regle de Théatre Oedipe devoit-il témoigner qu'il fût attendri avant que de parler à un Prince étranger , qui fe trouve à fa Cour , du mariage de fa fille ? Ne doit - on pas fuppofer qu'il l'eft fans qu'il le témoigne ? Et les maladies populaires empêchent-elles les Princes de penfer aux affaires particulieres ? Oh que la politique & l'efprit de gouvernement en font bien d'autres gens que des pleureux ? Si les maux publics les touchent & même les attendriffent ; ils ne leur ôtent point la liberté d'avoir des vûes, de former des deffeins, & d'en procurer le fuccès : une tête à une feule affaire n'eft pas une tête d'Etat. Mais *il faloit,* répond le Critique, *dire au premier acte quelque chofe du fujet de la*

piece ; c'eſt - à - dire des maux que la peſte
cauſoit. Qu'a donc fait la converſation de
Théſée & de Dircé dans la premiere ſcene ? N'en expoſe t-elle pas d'abord tous les
ravages ; comme M. de Voltaire l'a fait
par la converſation de Dimas & de Philoctete , avec cette différence que ce ſont
chez lui deux hommes de connoiſſance qui
s'entretiennent , & que c'eſt ici un amant
& une maîtreſſe que l'amour fait parler ;
ce qui rend la ſcene plus intéreſſante.

M. de Voltaire ne trouve pas qu'Oedipe ait aucun fondement de croire que les
meurtriers de Laïus ſoient des brigands ;
ſans doute parceque ſon eſprit & ſes
yeux trop élevés n'ont pas pû creuſer juſqu'à ce fondement , ſi bien établi par Corneille , & mis en aſſez d'évidence pour que
des gens qui regardent ce qui eſt devant
eux le puiſſent appercevoir. Le narré que
Jocaſte avoit fait à Oedipe de la mort de
Laïus ſur le rapport du témoin qui y avoit
été préſent eſt ce fondement. Ne croit-on
pas ſur les faits qu'on ignore ce qu'un hon-
nête homme en dit ? Et le récit d'une Reine eſt-il ſi mépriſable , qu'il ne puiſſe être
une raiſon de croire ? Mais le Critique
ajoûte qu'Oedipe, avouant après qu'il les
avoit combattus pour diſputer un paſſage,
il ne devoit pas les prendre pour des vo-

leurs ; pourquoi non ? puifqu'on lui avoit
dit qu'ils l'étoient. Si ne vouloir pas reculer dans un paffige n'eft pas une preuve
qu'on foit voleur, ce n'en eft pas une non
plus qu'on ne le foit pas. On peut rencontrer à la campagne dans un chemin étroit
des voleurs comme d'honnêtes gens, & les
vouloir d'abord faire reculer fans attendre
qu'ils nous faffent leurs propofitions. Ainfi
le ridicule qu'on veut appliquer à cet endroit, en difant que des voleurs ne difpu-
tent pas *le haut du pavé* , retombe fur le
mocqueur, & ne fert qu'à faire connoître
en lui une vaine préfomption de vouloir
lui-même prendre fur Corneille le *haut du
pavé*. Mais qu'il ne s'y trompe pas ; il y a
encore bien du chemin entre eux. Qu'il
voye donc, fi ces Remarques font capables de lui ouvrir les yeux , que quoiqu'-
Oedipe n'ait pas combattu pour défendre
fa bourfe , cela n'empêche pas qu'il ne
puiffe croire que ceux qu'il a combattus
font des voleurs, quand il en a d'ailleurs
des preuves. Ce combat n'eft pas le fondement de fa croyance fur cet article: c'eft,
avec le rapport de Phorbas, le récit de la
Reine joint aux circonftances de la rencontre.

Je m'étonne que ces circonftances
n'ayent pas empêché nôtre Critique de

traiter de *gigantefque* l'action d'Oedipe dans
ce combat. Un Philoctete qui terraffe les
monftres les plus terribles, qui punit avec
fes deux bras & un trouffeau de flèches
cent tyrans, eft chez lui dans l'ordre de
la vraifemblance : & il veut qu'un homme
qui fe bat feul contre trois en tue deux &
bleffe l'autre dans un paffage étroit, qu'il
faut difputer, où le nombre n'eft d'aucun
fecours; il veut, dis-je, que cela foit gigantefque. On voit quelquefois à Paris des
breteurs en faire davantage,

　　Enfin voici une critique faite en termes modeftes; auffi eft-elle jufte & ap-
puyée de bonnes raifons: C'eft de l'endroit où Oedipe, dépeignant ceux qu'il a
tués, dit de l'un d'eux, qui étoit juftement
Laïus,

　　　On en peut voir en moi la taille & les traits

M. de Voltaire a eû très grande raifon de
dire que *ce n'étoit point à Oedipe à parler de
cette reffemblance, mais à Jocafte, qui, ayant
vécu avec l'un & avec l'autre, pouvoit en être
mieux informée qu'Oedipe, qui n'a jamais vû
Laïus qu'un moment en fa vie.* S'il avoit fi
bien rencontré par tout les fautes de Corneille, je ne m'occuperois pas maintenant
à relever les fiennes. Mais il trouve fi rarement le défaut de la cuiraffe, qu'il fem-

ble qu'il y ait ici plus de hafard que d'a-
dreffe. En effet la fûre critique fait appercevoir la même faute par tout où elle fe
trouve. Si M. de Voltaire avoit ce talent,
il auroit dû voir chez lui ce qu'il blâme
avec juftice dans Corneille ; relever également fa faute dans fa propre critique, &
nous dire que Laïus, n'ayant jamais vû fon
fils qu'au moment de la naiffance, il ne
pouvoit pas vrai-femblablement le reconnoître dans un âge viril ; qu'il ne devoit
pas en obferver le vifage, lui tendre les
bras, vouloir lui parler, laiffer enfin cou-
ler des larmes de fes yeux, lorfque ces yeux
étoient expirans & ne pouvoient le regarder que comme l'ennemi qui venoient de
les éteindre & de lui donner le coup de
la mort. Quelle apparence de reconnoître
après la chaleur du combat un fils qu'on
n'a point reconnu avant ? Il n'en eft pas
de l'épée d'un ennemi comme de la lan-
cette d'un chirurgien. Si celle-ci donne
quelquefois à un malade la connoiffance
qu'il avoit perdûe, celle-là n'infpire point
de miraculeufes lumieres à ceux qu'elle
frape. Ainfi Laïus étendu fur la pouffiere
ne devoit pas être plus éclairé que Laius
encore fur fes pieds. Et c'étoit affez de
donner feulement à Oedipe, dans cette occafion, quelques fentimens confus de ten-

dreſſe & de repentir cauſés par l'inſtinct
de la nature & par la ſimpathie du ſang.

Quant au menſonge de Phorbas, c'eſt à
la vérité un bien petit artifice, mais qui
ſert à un grand jeu : & c'eſt ſans doute par
cette raiſon que l'homme d'eſprit , dont
parle M. de Voltaire, l'a trouvé ſi beau,
comme il l'eſt effectivement à le regarder
par ce jour-là. Au reſte s'il y a du petit,
il n'y a pas tout-à-fait du puéril. C'eſt une
excuſe que peut aſſez naturellement faire
inventer la crainte des reproches qu'une
famille, une cour, & tout un peuple de-
voient lui faire d'avoir laiſſé tuer ſon Roi.

Puiſque M. de Voltaire n'a pas ſû lire
Corneille, & qu'il demande de quelle im-
portance étoient pour Oedipe les ſourdes
trames de Dircé & les prétentions de cette Princeſſe ſur une couronne à laquelle il
veut renoncer ; je lui répons premierement que , cela n'étant pas encore fait , Oedipe pouvoit changer & prendre d'autres
reſolutions, le ſceptre étant choſe qu'on
ne quitte pas ordinairement ſans y penſer
à deux fois. Secondement qu'il y alloit encore de ſa gloire : s'il vouloit bien avoir
l'honneur de renoncer de lui-même au
trône , il ne vouloit pas avoir la honte
d'en être chaſſé ; *Ce n'eſt pas au peuple , dit-*
il , à ſe faire juſtice ; pour chercher mon repos

*je veus bien me bannir ; mais s'il me banniſ-
ſoit je ſaurois l'en punir.* Cette raiſon eſt aſſez forte pour un Prince qui a tant ſoit
peu de cœur. L'autorité eſt quelque choſe
de délicat, dont la poſſeſſion eſt toûjours
accompagné de jalouſie. On veut en faire
uſage même en y renonçant. Si ce n'eſt
rien pour un faiſeur de vers, c'eſt beaucoup pour un Roi. Corneille a connu ces
ſentimens, & il les a mis à leur place.
C'eſt pour cela que Corneille eſt avec juſtice, comme les grands Princes, au rang
des grands hommes, ayant ſu connoître &
exprimer ce que ceux-ci ont ſû & dû ſentir.

Si M. de Voltaire étoit parvenu à ce
mérite, il auroit ſenti que la derniere avanture d'Oedipe n'eſt pas une de ces nouvelles qui demandent qu'on dépèche promtement des couriers. On ne ſait que trop
tôt ce qui doit nous jetter dans l'horreur
& dans le deſeſpoir. De plus, il auroit jugé que Jocaſte pouvoit en être inſtruite
par un autre qu'Oedipe ; & il auroit vû
qu'elle l'eſt en effet par Phorbas, tandis
que le Roi ne fait que ce qu'il doit, lorſqu'il donne quelque retour à ſa ſœur & à
Théſée, avec qui il n'avoit pas toûjours
été d'accord ; & que, parlant en homme
qui ſe prépare à ſacrifier ſa vie aux man-

nes de Laïus, il commence à leur faire son
adieu éternel par des difcours également
pleins de conftance, de tendreffe, & de
généroſité. Nôtre Critique donc au lieu de
faire la plus grande de toutes les bévûes,
en difant que Dircé & Théfée font deux
étrangers pour Oedipe, après que ce Prince eft reconnu pour être fils de Laïus &
frere de Dircé ; & au lieu de trouver
mauvais que ce Roi parle à ſa ſœur & à
Théfée *tandis que Jocaſte ſa femme & ſa mere,*
dit-il, *ne ſait encore rien de ſon avanture ;* au
lieu, dis-je, de faire des bévûes & des
reproches mal fondés, il auroit beaucoup
mieux fait de faire tomber ſa critique ſur
ces dernieres paroles d'Oedipe

Laiffez-moi feul en confoler la Reine,
Et ne m'enviez pas un fecret entretien
Pour affermir ſon cœur ſur l'exemple du mien.

Ce n'étoit point le métier de confolateur
qu'Oedipe avoit à faire en cette occaſion.
Et le ſujet n'eft pas ſûrement une matiere
à entretien pour lui ni pour Jocafte. C'eft
pourtant ce que M. de Voltaire auroit
approuvé, puifqu'il trouve étrange qu'Oedipe ne coure pas en entretenir la Reine:
la qualité de mere & d'épouſe tout à la
fois lui en paroît une bonne raiſon : à
d'autres

d'autres cela paroît tout différemment : chacun a ses yeux. Jugez, Lecteur, qui les a meilleurs.

Voilà tout ce que M. de Voltaire a jugé à propos de critiquer dans l'Oedipe de Corneille. Pour moi, sans vouloir entrer dans le détail des fautes qui ont échapé à ce grand homme, je finis mes Remarques par ce paralelle des deux Oedipes, que je crois affez juste.

La piece de Corneille n'eft point parfaite ; mais elle eft affez bonne pour faire fentir qu'elle part d'un grand Ouvrier. Celle de M. de Voltaire n'eft pas abfolument bonne ; mais elle paroît être l'ouvrage d'un homme capable de faire quelque chofe d'excellent

Dans l'une tout eft mieux conduit ; on y connoît la main d'un habile Maître. Dans l'autre on parle mieux ; on y fent la main d'un heureux Apprentif.

Il fe trouve dans la premiere un plus grand nombre de beaux fentimens & de penfées fpirituelles. Mais la derniere brille davantage par la beauté du ftile & de la verfification.

La réflexion fait goûter davantage la piece de Corneille ; plus on la lit avec attention plus on y découvre de beautés ; que la mauvaife parure avoit d'abord dé-

G

figurées à nos yeux. La pièce de M. de Voltaire fait son plus grand effet au premier coup d'œil ; plus on la lit plus on y remarque de défauts, que nos yeux éblouis par les brillantes couleurs de la poësie n'avoient pas d'abord apperçûs.

De sorte que je comparerois ces deux Tragédies à deux Dames ; dont l'une auroit une vraie beauté obscurcie par un teint bazané ; & l'autre des traits irréguliers couverts & presque cachés par l'éclat d'un teint vif & brillant.

Pour ce qui regarde la critique que M. de Voltaire a faite de son propre ouvrage ; celle-ci & d'autres qui ont parû suppléeront à une partie de ce qui y manque: & le discernement du Lecteur suppléera aux unes & aux autres. Je n'ai point reproché au nouvel Auteur les vers qu'on trouve ailleurs que chez lui ; parcequ'outre qu'ils peuvent être également son bien comme celui d'autrui , & qu'on m'a dit qu'un autre avoit pris ce soin-là ; je ne crois pas que ce soit un grand crime aux Auteurs de pieces de Théatre de se servir de quelques vers d'autrui. Je les regarde, s'il m'est permis de faire cette comparaison, à peu près comme les Horlogers ; dont le principal mérite ne consiste pas à fabriquer eux-mêmes tout ce qui entre dans la ftructure des montres & des horloges, mais à fi bien choifir ce que d'autres ont travaillé que toutes les pieces en foient bonnes , & à les conftruire enfemble avec tout l'art & toute la juftefle neceffaire pour que le tout aille de la façon dont il doit aller. Ainfi quelque pillage de vers qu'on trouve dans une Tragédie, cela n'empéche pas qu'on ne foit dumoins Auteur de la piece fi l'on ne l'eft des vers.

A toutes ces lettres M. de Voltaire en a ajoûté dans la feconde édition une feptième par forme de réponfe à fes Critiques. Elle eft une preuve affez manifefte qu'il n'eft guere difpofé à entendre raifon fur le caractere de fon Philoctete; qu'il l'a travaillé par fentiment & d'après un modèle qui né lui eft pas étranger. *Voilà bien des ennemis*, dit-il en parlant de ceux qui critiquent fa piece, *mais je fouhaite donner bien-tôt une Tragédie qui m'en attire encore davantage*. Il devoit ajoûter pour remplir fon caractere : *un homme tel que moi* ne craint rien, & ne s'embaraffe guere de *l'exacte équité* d'un Critique ; *on doit croire fur la foi de mon nom* que j'ai réuffi & que je réuffirai toûjours de-même. Si cela arrive, adieu Héros de la Grece & de Rome, adieu Chimene, adieu Phedre, Laodice, Androma-

que, & toutes vos illustres compagnes. Le
Théatre *reprenant*, dit-on, *son éclat* vous
négligera & vous oubliera insensiblement.
Le Public se divertira à y voir à vôtre place des pourfendeurs de Géants, des dé-
barqués de la Garonne, des Jocastes amou-
reuses, des personnages en un mot *tels
qu'eux* & non tels que vous. Quelque beau
que cela doive être; je ne peus cependant
m'empêcher de vous pleurer : soit goût,
soit habitude, vous aviez mon cœur. Et je
fais des vœux pour que le nouvel Auteur,
loin de s'attirer par ses ouvrages à venir
la censure des Critiques, mérite les applau-
dissemens des plus éclairés & des plus délicats : qu'il remplisse la prophétie de son
Approbateur, l'attente du Public & la
mienne, en devenant, par l'imitation du
beau & par l'attention à éviter le défectueux, un digne successeur de Corneille &
de Racine. Alors les Critiques disparoîtront
& s'il a des ennemis, ils ne serviront qu'à
honorer son triomphe.

Afin de ne rien négliger de ce qui peut
satisfaire le Lecteur sur ce qui regarde les
deux Oedipes françois, j'ajoûte à ces Remarques un recueil des plus beaux endroits de l'un & de l'autre. Je commence
par le nouveau.

LES
PLUS BEAUX ENDROITS
DE
L'ŒDIPE
DE M. DE VOLTAIRE.

Mais, Oedipe, héritier du sceptre de Corinte,
Vint, vit ce monstre affreux, l'entendit & fut Roi.

Act. 1. Sc. 1.

✿

L'amour nous unissoit : & cet amour si doux
Etoit né dans l'enfance & croissoit avec nous.

Ibid.

✿

Le tems qui détruit tout augmentoit mon amour.

Ibid.

✿

Cent tyrans punis, cent monstres terrassés
Suffisent à ma gloire & m'excusent assez.

Ibid.

✿

Mais un Roi n'est qu'un homme en ce commun danger ;
Et tout ce qu'il peut faire est de le partager.

Act. 1. Sc. 3.

Giij

✿.

Ibid.   Tel est souvent le sort des plus justes des Rois ;
Tant qu'ils sont sur la terre on respecte leurs loix,
On porte jusqu'aux cieux leur justice supreme,
Adorés de leur peuple ils sont des Dieux eux-mê-
    me ;
Mais après leur trépas que sont-ils à vos yeux ?
Vous éteignez l'encens que vous brûliez pour eux ;
Et comme à l'interêt l'ame humaine est liée,
La vertu qui n'est plus est bientôt oubliée.

✿

Ibid.   Peutêtre accomplissant ses decrets éternels,
Afin de nous punir il nous fit criminels.

✿

Ibid.   Tout l'empire en secret étoit son ennemi ;
Il étoit trop puissant pour n'être point haï ;
Et du peuple & des grands la colere insensée
Brûloit de le punir de sa faveur passée.

✿

Act.2.Sc. La jeunesse imprudente aisément se trahit.
1.

✿

Ibid.   Quand le ciel lui parle il n'écoute plus rien.

✿

Act.2.Sc. La vertu severe en de si durs combats
2.   Resiste aux passions & ne les détruit pas.

✿

Act.2.Sc. Ses exploits, ses vertus & sur tout vôtre choix
3.   Ont mis cet heureux Prince au rang des plus grands
    Rois.

Etre utile aux mortels & fauver cet empire   *Act 2. Sc.*
Voilà, Seigneur, voilà l'honneur feul où j'afpire.   4.

Si le ciel m'eut laiflé le choix de la victime,   *Ibid.*
Je n'aurois immolé de victime que moi.
Mourir pour fon pays c'eft le devoir d'un Roi.

Seigneur, qui les punit ne les imite pas.   *Ibid.*

Si ce fer chez les morts eût fait tomber Laïus,   *Ibid.*
Ce n'eût été pour moi qu'un triomphe de plus :
Un Roi pour fes fujets eft un Dieu qu'on revere ;
Pour Hercule & pour moi c'eft un homme ordinaire.
J'ai défendu des Rois ; & vous devez fonger
Que j'ai pû les combattre ayant pû les vanger.

J'ai fait des fouverains & n'ai point voulu l'être.   *Ibid.*

Dans le cœur des humains les Rois ne peuvent lire: *Act 2. Sc.*
Souvent fur l'innocent ils font tomber leurs coups: 5.
Et nous fommes, Hydafpe, injuftes malgré nous.

Ne nous endormons point fur la foi de leurs prêtres;   *Ibid.*
Au pieds du fanctuaire il eft fouvent des traîtres.
Ne nous fions qu'à nous ; voyons tout par nos yeux ;
Ce font-là nos Trépieds, nos Oracles & nos Dieux.

G iiij

Act 3. Sc. 1.

                              Crois tu qu'une Princesse
Puisse jamais cacher sa haine ou sa tendresse?
Des courtisans sur nous les inquiets regards
Avec avidité tombent de toutes parts.
A travers les respects leurs trompeuses souplesses
Pénétrent dans nos cœurs & cherchent nos foi-
    blesses.
A leur malignité rien n'échape & ne fuit;
Un seul mot, un regard, un coup d'œil nous tra-
    hit.

Act 3. Sc. 2.

Préférez comme moi mon honneur à ma vie;
Commandez que je meure & non pas que je fuie.

Act 3. Sc. 4.

Vôtre vertu dément la voix qui vous accuse.

Act 3. Sc. 5.

Un Pontife est souvent terrible aux souverains
Et dans son zele aveugle un peuple opiniâtre,
De ses liens sacrés imbécile idolâtre,
Foulant par piété les plus saintes des loix,
Croit honorer les Dieux en trahissant ses Rois.

Act 4. Sc. 1.

Comme il étoit sans crainte, il marchoit sans dé-
    fense :
Par l'amour de son peuple il se croyoit gardé.

Ibid.

Nos Prêtres ne sont point ce qu'un vain peuple
    pense:

Nôtre crédulité fait toute leur fcience.

✳

Quelle fureur hélas de vouloir arracher
Des fecrets que le fort a voulu nous cacher.

Ibid.

✳

Ma fuite à vos malheurs affure un promt fecours; *Act. 5. Sc.*
En perdant vôtre Roi, vous confervez vos jours. **1.**
J'ai fauvé cet empire en arrivant au trône :
J'en defcendrai du moins comme j'y fuis monté;
Ma gloire me fuivra dans mon adverfité.

LES PLUS BEAUX ENDROITS
de l'Oedipe de Corneille.

LA gloire d'obéir n'a rien qui me foit doux, *Act. 1. Sc.*
Lorfque vous m'ordonnez de m'éloigner de **1.**
vous.

✳

. : d'un fi grand péril l'image s'offre en vain, *Ibid.*
Quand ce péril douteux épargne un mal certain.

✳

. . . quand l'amour tient une ame allarmée, *Ibid.*
Il l'attache aux périls de la perfonne aimée.

✳

Soufrez donc que l'amour me faffe même loi; *Ibid.*
Que je tremble pour vous quand vous tremblez
pour moi :

Et ne m'impotez pas cette indigne foiblesse,
De craindre autres périls que ceux de ma Princesse.

Ibid.   Il faut qu'en vos pareils les belles passions
Ne soient que l'ornement des grandes actions,

. . . .

Et quelque desespoir que leur cause un trépas,
La vertu seule a droit de faire agir leur bras.

Ibid.   . . . vos yeux combattrent vos maximes :
Si j'en crois leur pouvoir vos conseils font des crimes.

Act. 1. Sc.   Vous n'avez qu'à parler, vos vœux font exaucés :
2.   Nommez ce cher objet, grand Prince, & c'est assez.
Un gendre tel que vous m'est plus qu'un nouveau
          trône :
Et vous pouvez choisir d'Ismene ou d'Antigone ;
Car je n'ose penser que le fils d'un grand Roi
Un si fameux Héros aime ailleurs que chez moi.

Ibid.   Où le cœur est pris on charme en vain les yeux :
Si vous avez aimé vous avez sû connoître
Que l'amour de son choix veut être le seul maître ;
Que s'il ne choisit pas toûjours le plus parfait,
Il attache du moins les cœurs au choix qu'il fait ;
Et qu'entre cent beautés dignes de nôtre hommage
Celle qu'il nous choisit plaît toûjours davantage.

Ibid.   La parole des Rois doit être inviolable.

Les Rois ne font pas efclaves de leur voix :   *Ibid.*
Le plus puiffant Roi doit qu lque chofe aux Rois :
Retirer fa parole à leur jufte priere
C'eft honorer en eux fon propre caractere.

Aux grands périls le falaire enhardit.   *Act. 1. Sc. 3.*

L'occafion qui flate anime l'efperance.   *Ibid.*

On a peu d'éclat auprés d'une perfonne   *Act. 1. Sc. 4.*
Qui joint à de hauts faits celui d'une couronne.

J'ai tout mis en ufage auprès de la Princeffe,   *Ibid.*
Confeil, autorité, reproche, amour, tendreffe ;
J'en ai tiré des pleurs, arraché des foupirs ;
Et n'ai pû de fon cœur ébranler les defirs.

Les ames . . . . . au trône deftinées   *Ibid.*
Ne doivent aux parents que les jeunes années.

C'eft loin de fes parents qu'un homme apprend à   *Ibid.*
    vivre.

Je fuis Reine, Seigneur, mais je fuis mere auffi ;   *Ibid.*
Aux miens comme à l'état je dois quelque foaci.

Ibid.   Pour les plus grands cœurs c'est assez d'un empire.

Act. 2. Sc.   Le dernier besoin peut faire un Roi sans crime.
1.

Ibid.   Qui ne craint point la mort ne craint point les tyrans.

Act. 2. Sc.   Nous ne savons pas bien comme agit l'autre monde:
2.   Il n'est point d'œil perçant dans cette nuit profonde.
     Et quand les Dieux vangeurs laissent tomber leur
         bras,
     Il tombe assez souvent sur qui n'y pense pas.

Ibid.   Si j'ai part au courroux, je n'en veus pas au crime.

Act. 2. Sc.   Admire peuple ingrat qui m'a deshéritée
3.   Quelle vengeance en prend ta Princesse irritée;
     Et connois dans la fin de tes longs déplaisirs
     Ta Véritable Reine à ses derniers soupirs.
     Vois comme à tes malheurs je suis toute asservie;
     L'un m'a couté mon trône & l'autre veut ma vie.
     Tu t'es sauvé du Sphinx aux dépens de mon rang:
     Sauve-toi de la peste aux dépens de mon sang.

Ibid.   Mégare, tu fais mal ce que l'on doit aux Rois;
     Un sang si précieux ne sauroit se répandre
     Qu'à l'innocente cause on n'ait droit de s'en prendre.

Et de quelque façon qu'on finiſſe leur ſort,
on n'eſt pas innocent quand on cauſe leur mort.

🙟

Je viens prendre de vous l'ordre qu'il me faut ſui- *Act. 2, Sc.*
vre, *4.*
Mourir s'il faut mourir, & vivre s'il faut vivre,

🙟

        Qu'allez-vous faire ? *Ibid.*

Finir les maux publics, obéir à mon pere,
Sauver tous mes ſujets. . . . . .
Le ciel offre à mon bras par où me ſignaler :
S'il ne ſait pas combattre il ſaura m'immoler.

🙟

J'ai fait trembler par tout & devant vous je trem- *Ibid.*
ble :
L'Amant & le Héros s'accordent mal enſemble.
Mais enfin après vous tous deux veulent courir :
Le Héros ne peut vivre où l'Amant doit mourir.
La fermeté de l'un par l'autre eſt épuiſée :
Et ſi Dircé n'eſt plus, il n'eſt plus de Théſée.

🙟

    A vôtre aſpect je ne fais plus qu'aimer. *Ibid.*

🙟

Vôtre bras de la Grece eſt le plus ferme appui : *Ibid.*
Vivez pour le Public comme je meurs pour lui.

Ai-je rien à ſauver, rien à perdre que vous ?

Mais, Seigneur, je vous ſauve en courant au trépas

Et mourant avec moi vous ne me fauvez pas.

La gloire de ma mort n'en deviendra pas moindre ;
Si ce n'eſt vous fauver, ce fera vous rejoindre.

Ibid. Prince, il eſt tems de fuir quand on fe défend mal.

Ibid. Le véritable amour ne prend loi de perfonne.

Act. 3, Sc.
I.

L'Honneur en Monarque abfolu
Soûtient ce qu'il a refolu :
Il eſt beau de mourir pour en fuivre les loix ;
Mais il eſt aſſez doux de vivre,
Quand l'amour a fait un beau choix.

Ibid.

Prince, que j'ai peine à quiter

· · · · · · · ·

Accepte ce foible retour.

· · · · · · · ·

Sur les bords de la tombe où tu me vois courir,
Je crains les maux que je te laiſſe,
Quand je fais gloire de mourir.

J'en fais gloire, mais je me cache
Un comble affreux de déplaifirs :
Je fais taire tous mes defirs :
Mon cœur à moi-même s'arrache.
Cher Prince, dans un tel aveu,
Si tu peus voir quel eſt mon feu ;
Vois combien il fe violente.
Je meurs l'eſprit content ; l'honneur m'en fait la loi.

Mais j'aurois vêcu plus contente,
Si j'avois pû vivre pour toi.

❦

Ma fille, il eſt toûjours aſſez tôt de mourir.　　*Act* 3. *Sc.*
　　　　　　　　　　　　　　　　　　　　　　　　2.

Madame, il n'eſt jamais trop tôt de ſecourir.

. . . .
J'aſſaſſine tous ceux que la peſte ſurprend.

❦

　　　　　L'amour eſt un doux maître ;　　*Ibid.*
Et quand ſon choix eſt beau, ſon ardeur doit pa-
　　roître.

❦

Le ſang du grand Laïus, duquel je ſuis formée,　　*Ibid.*
Trouve bien qu'il eſt doux d'aimer & d'être aimée :
Mais il ne peut trouver qu'on ſoit digne du jour
Quand aux ſoins de ſa gloire on préfere l'amour.

❦

Vous n'étiez qu'un enfant,　　　　　　'*Ibid.*

　　　　　　J'avois déjà des jeux,
Et ſentois dans mon cœur le ſang de mes ayeux.

❦

Le trône a d'autres droits que ceux de la nature.　　*Ibid.*

❦

Ce que n'a pû l'amour rien ne doit l'obtenir.　　*Ibid.*

❦

Quoi ! l'ame eſt toute eſclave ! une loi ſouveraine　　*Act.* 3. *Sc.*
　　　　　　　　　　　　　　　　　　　　　　　　5.

Vers le bien ou le mal inceſſamment l'entraîne !
Et nous ne recevons ni crainte ni deſirs
De cette liberté qui n'a rien à choiſir !
Attachés ſans relache à cet ordre ſublime,
Vertueux ſans mérite & vicieux ſans crime,
Qu'on maſſacre les Rois, qu'on briſe les autels,
C'eſt la faute des Dieux & non pas des mortels !
De toute la vertu ſur la terre épandue
Tout le prix à ces Dieux toute la gloire eſt dûe !
Ils agiſſent en nous quand nous penſons agir !
Alors qu'on délibere on ne fait qu'obéir !
Et nôtre volonté n'aime, hait, cherche, évite
Que ſuivant que d'en haut leur bras la précipite !
D'un tel aveuglement daignez me diſpenſer.
Le ciel juſte à punir, juſte à recompenſer,
Pour rendre aux actions leur peine ou leur ſalaire,
Doit nous offrir ſon aide & puis nous laiſſer faire,
N'enfonçons toutefois ni vôtre œil ni le mien
Dans ce profond abîme où nous ne voyons rien.

Ibid.   On n'a que trop d'exemples
Qu'il eſt ainſi qu'ailleurs des méchans dans les tem-
ples.

Ibid.   J'en ai trop punis pour en croître le nombre.

Act. 4. Sc.   Le ciel choiſit ſouvent de ſecrettes conduites,
1.   Qu'on ne peut démêler qu'après de longues ſuites.

Ibid.   J'ai mêmes yeux encore & vous mêmes appas ;
Si mon ſort eſt douteux mon ſouhait ne l'eſt pas.
                                        Puiſque

Puifque le ciel vous force , il vous rend excufable.   *Ibid.*

L'amour pour les fens eſt un ſi doux poiſon ,   *Ibid.*
Qu'on ne peut pas toûjours écouter la raiſon.

Rien ne peut déplaire alors qu'on eſt aimé.   *Ibid.*

Jamais fans forfait on ne s'en prend aux Rois :   *Aɛ̃.4.Sc̃ɛ*
Et fuſſent-ils cachés fous un habit champêtre,   *2.*
Leur propre majeſté les doit faire connoître.

La veuve de Laïus eſt toûjours vôtre femme ;   *Aɛ̃.4.Sc̃ɛ*
Et n'oppoſe que trop, pour vous juſtifier,   *5.*
A la moitié du mort celle du meurtrier.
Pour toute autre que moi vôtre erreur eſt fans crime ;
Toute autre admireroit vôtre bras magnanime :
Et toute autre, reduite à punir vôtre erreur,
La puniroit du-moins fans trouble & fans horreur.
Mais, hélas, mon devoir aux deux partis m'attache :
Nul eſpoir d'aucun d'eux, nul effort ne m'arrache :
Et je trouve toûjours dans mon eſprit confus,
Et tout ce que je fuis & tout ce que je fus.
Je vous dois de l'amour, je vous dois de la haine :
L'un & l'autre me plait, l'un & l'autre me gêne :
Et mon cœur, qui doit tout & ne voit rien permis,
Soufre tout à la fois deux tirans ennemis.

Ce n'eſt pas au peuple à ſe faire juſtice.   *Aɛ̃ 5.Sc̃ɛ*
1.

H

L'ordre que tient le ciel à lui choisir des Rois
Ne lui permet jamais d'examiner son choix.

✤

Ibid.
Thésée a trop de cœur pour une trahison.
Phorbas est plus à craindre étant moins généreux.

✤

Aɛ̃. 5. Sc.
5.
Aux crimes malgré moi l'ordre du ciel m'attache.
Pour m'y faire tomber ; à moi-même il me cache :
Il offre, en m'aveuglant sur ce qu'il a prédit,
Mon pere à mon épée & ma mere à mon lit.
Hélas ! qu'il est bien vrai qu'en vain on s'imagine
Dérober nôtre vie à ce qu'il nous destine :
Les soins de l'éviter font courir au devant ;
Et l'adresse à le fuir y plonge plus avant.

✤

Aɛ̃. 5. Sc.
7.
Souvent avant le coup qui doit nous accabler
La nuit qui l'enveloppe a de quoi nous troubler

Mais, quand ce coup tombé vient d'épuiser le sort
Jusqu'à n'en pouvoir craindre un plus barbare effort,
Ce trouble se dissipe : & cette ame innocente,
Qui brave impunément la fortune impuissante ;
Regarde avec dédain ce qu'elle a combattu,
Et se rend toute entiere à toute sa vertu.

✤

Aɛ̃. 5. Sc.
8.
Oui ; Phorbas, par son récit funeste
Et par son propre exemple, a sû l'assassiner.
Ce malheureux vieillard n'a pû se pardonner.
Il s'est jetté d'abord aux genoux de la Reine,
Où détestant l'effet de sa prudence vaine :
Si j'ai sauvé ce fils pour être vôtre époux

Et voir le Roi son pere expirer sous ses coups,
A-t-il dit, la pitié qui me fit le ministre.
De tout ce que le ciel eut pour vous de sinistre,
Fait place au desespoir d'avoir mal servi ;
Pour vanger sur mon sang vôtre ordre mal suivi,
L'inceste, où malgré vous tous deux je vous abîme,
Recevra de ma main sa premiere victime.
J'en dois le sacrifice à l'innocente erreur
Qui vous rend l'un pour l'autre un objet plein d'hor-
reur.

Cet arrêt, qu'à nos yeux lui-même il se prononce,
Est suivi d'un poignard qu'en ses flancs il enfonce.
La Reine, à ce malheur si peu prémédité,
Semble le recevoir avec stupidité.
L'excès de sa douleur la fait croire insensible.
Rien n'échape au dehors qui la rende visible :
Et tous ses sentimens enfermés dans son cœur
Ramassent en secret leur derniere vigueur.
Nous autres cependant, autour d'elle rangées,
Stupides ainsi qu'elle, ainsi qu'elle affligées,
Nous n'osons rien permettre à nos fiers déplaisirs :
Et nos pleurs par respect attendent ses soupirs.
Mais enfin tout à coup, sans changer de visage,
Du mort qu'elle contemple elle imite la rage,
Se saisit du poignard, & de sa propre main,
A nos yeux comme lui, s'en traverse le sein,
On diroit que du ciel l'implacable colere
Nous arrête les bras pour lui laisser tout faire.
Elle tombe, elle expire avec ces derniers mots,
Allez, &c.

Si cette description n'est pas magnifique
& ne réunit pas le naturel avec le subli-
me, j'avoue que je ne m'y entens pas. Elle

vient à propos, parce que cette Confidente àyant déja dit en un mot & fans ver-
biage que la Reine étoit morte, il n'eſt
plus queſtion que de ſavoir comment &
les circonſtances.

Fautes à corriger.

Page 15. ligne 7. liſez *répondre* au lieu de
correſpondre. p. 27. l. 24. liſez *ſujet* au lieu
de *ſujette.* p. 28. en marge, liſez *pag.* 12. au
lieu de *pag.* 14. p. 28, 30. 31 & 32. en marge, liſez *Act.* 2. au lieu d'*Acte* 1. p. 50. l.
11. ôtez *bien* qui eſt répeté deux fois.

APPROBATION.

J'Ai lû par ordre de Monſeigneur le Garde des
Sceaux un Manuſcrit intitulé : *Nouvelles Remar-*
ques ſur l'Oedipe de M. de Voltaire, & ſur ſes
Lettres critiques, dont on peut permettre l'impreſ-
ſion. A Paris le 23 Aouſt 1719.

CHERIER.

PRIVILEGE DU ROY.

LOUIS par la grace de Dieu Roy de France &
de Navarre ; A nos Amez & féaux Conſeillers,

les Gens tenant nos Cours de Parlement, Maîtres des Requêtes ordinaires de notre Hôtel, Grand Conseil, Prevost de Paris, Baillifs, Senechaux, leurs Lieutenans Civils, & autres nos Justiciers qu'il appartiendra; SALUT, Notre bien amé LAURENT D'HOURY, Imprimeur-Libraire à Paris, Nous a fait exposer qu'il souhaiteroit faire imprimer & donner au Public un Manuscrit qui a pour titre, *Nouvelles Remarques sur l'Oedipe de M. de Voltaire & sur ses lettres critiques*, s'il Nous plaisoit lui accorder nos Lettres de Privilege pour la ville de Paris seulement. Nous avons permis & permettons par ces Presentes audit d'Houry d'imprimer ou faire imprimer ledit Livre en telle forme, marge, caractere, & autant de fois que bon lui semblera, & de le vendre, faire vendre & debiter par tout notre Royaume, pendant le tems de *trois* années consécutives, à compter du jour de la datte desdites Presentes. Faisons défenses à toutes sortes de personnes de quelque qualité & condition qu'elles soient, d'en introduire d'impression étrangere dans aucun lieu de notre obéissance; comme aussi à tous Imprimeurs & Libraires & autres, dans la ville de Paris seulement, d'imprimer, faire imprimer, vendre, faire vendre, debiter, ni contrefaire ledit Livre, en tout ni en partie, ni d'en faire aucuns extraits, sans la permission expresse & par écrit dudit Exposant, ou de ceux qui auront droit de lui, à peine de confiscation des exemplaires contrefaits, de mille livres d'amende contre chacun des contrevenans, dont un tiers à Nous, un tiers à l'Hôtel-Dieu de Paris, l'autre tiers audit Exposant, & de tous dépens, dommages & interests; à la charge que ces Presentes seront enregistrées tout au long sur le Registre de la

Communauté des Imprimeurs & Libraires de Paris,
& ce dans trois mois de la datte d'icelles ; que l'im-
preſſion dudit Livre ſera faite dans notre Royaume,
& non ailleurs, en bon papier & en beaux cara-
cteres, conformément aux Reglemens de la Librai-
rie : Et qu'avant que de l'expoſer en vente, le manuſcrit ou imprimé qui aura ſervi de copie à l'im-
preſſion dudit Livre ſera remis dans le même état 'où
l'Approbation y aura été donnée, és mains de nôtre trés-cher & feal Chevalier, Garde des Sceaux
de France, le ſieur Voyer de Paulmi, Marquis d'Ar-
genſon, Chancelier & Garde des Sceaux de nôtre
Ordre militaire de S. Louis : & qu'il en ſera mis
enſuite deux Exemplaires dans notre Bibliotheque
publique, un dans celle de notre Château du Lou-
vre, & un dans celle de notre tres-cher & féal Chevalier, le Sieur de Voyer de Paulmi, Marquis d'Ar-
genſon, Garde des Sceaux de France :, Chancelier
& Garde des Sceaux de nôtre Ordre militaire de S.
Louis, le tout à peine de nullité des Preſentes. Du
contenu deſquelles Vous mandons & enjoignons de
faire jouir l'Expoſant ou ſes Ayans-cauſe, plei-
nement & paiſiblement, ſans ſouffrir qu'il leur ſoit
fait aucun trouble ou empêchement : Voulons que la
copie deſdites Preſentes qui ſera imprimée tout au
long au commencement ou à la fin dudit Livre, ſoit
tenue pour duement ſignifiée, & qu'aux copies col-
lationnées par l'un de nos amez & féaux Conſeillers
& Secretaires, foy ſoit ajoutée comme à l'Original :
Commandons au premier notre Huiſſier ou Sergent
de faire pour l'execution d'icelles tous Actes requis
& neceſſaires, ſans demander autre permiſſion, &
nonobſtant clameur de Haro, Charte Normande, &
Lettres à ce contraires ; Car tel eſt noſtre plaiſir,

Donné à Paris le vingt-neuviéme jour du mois de Septembre, l'an de grace mil sept cens dix-neuf, & de notre Regne le cinquiéme.

Par le Roy en son Conseil.

NOBLET.

Regiſtré ſur le Regiſtre IV. de la Communauté des Libraires & Imprimeurs de Paris, page 519. N°. 555. conformément aux Reglemens, & notamment à l'Arrêt du Conseil du 13 Août 1703. A Paris le deuxiéme Octobre 1719.

DELAULNE., Syndic.

Niño